「絵を見て話せる タビトモ会話」の使い方

イギリスブランドの化粧品はありますか？ …… 日本語
Have you got British brand cosmetics? …… 現地語
ハヴユー ゴット ブリティッシュ ブランド コズメティックス …… 現地語読み

※日本人と現地のイギリス人とをイラストでわかりやすく示し分けています。左側の男女が日本人、右側の男女がイギリス人を表しています。

大きなイラスト単語

その場面状況がよく分かる大イラスト。それぞれ描かれている個々の名称、想定される単語なども詳しく示しました。フレーズ例と組み合わせる単語としても使えます。

行動別インデックス

旅先でしたいことを行動別に検索できるカラーインデックス。それぞれ行動別に区切りをつけて色別に構成しました。さあ、あなたはこれから何をしますか？

使える！ワードバンク

入れかえ単語以外で、その場面で想定される単語、必要となる単語をひとまとめにしました。ちょっと知っておくと役立つ単語が豊富に揃っています。

ひとくちコラム

お国柄によって異なる文化、マナーやアドバイスなど役立つ情報を小さくまとめました。ほっとひと息つくときに読んでみるのもおすすめです。お国柄にちなんだイラストが案内してくれます。

はみ出し情報

知っておくと便利な情報などを短くまとめました。おもしろネタもいっぱいで必見です。

本書は、海外旅行
国の人たちとでき
話し言葉を紹介し
るべく原音に近い
が日常生活で使っ
異文化コミュニケー

はじめよう／歩こう／食べよう／買おう／極めよう／伝えよう／日本の紹介／知っておこう

絵を見て話せる タビトモ会話 目次

はじめよう

- マンガ イギリス式道路の渡り方 …… 4
- あいさつしよう …… 6
- 呼びかけよう …… 8
- 自己紹介しよう …… 10
- イギリス英語を知っておこう …… 12

歩こう

- マンガ 時刻表 …… 14
- マンガ マナー …… 15

[さあ、歩こう！ べんりマップ]
- ロンドンを歩こう …… 16
- イングランドを巡ろう …… 18
- スコットランドを巡ろう …… 20
- 別の町へ移動しよう …… 22
- 地下鉄、バス、タクシーに乗ろう …… 24
- 道を尋ねよう …… 26
- 観光しよう …… 28
- ホテルに泊まろう …… 30

食べよう

- マンガ イギリスの外食事情 …… 32
- マンガ イギリスの内食事情 …… 33
- レストランへ行こう …… 34

[これ、食べよう！ 欲張りメニュー]
- イギリス伝統料理 …… 36
- モダン・ブリティッシュ、地方料理 …… 38
- そのほかの国の料理 …… 40
- デザート、菓子、飲み物 …… 42
- パブへ行こう …… 44
- 調理方法と味付け …… 46
- 食材を選ぼう …… 48

買おう

- マンガ お客様は… …… 50
- マンガ 言葉は変わる？ …… 51
- お店を探そう …… 52
- 好きな色、柄、素材を探そう …… 54
- 欲しいサイズ、アイテムを伝えよう …… 56
- 化粧品、アクセサリー、日用品を買おう …… 58
- スーパーへ行こう …… 60
- イギリスみやげを買おう …… 62

イギリス　イギリス英語 ＋ 日本語

極めよう

マンガ　お茶 ……………… 64

サッカー観戦をしよう	66
アフタヌーンティーを楽しもう！	68
ミュージカル、音楽を楽しもう	70
映画を観よう	72
歴史上の人物を極めよう	74
イギリス文学、建築を極めよう	76
マーケットへ行こう	78
イングリッシュガーデンを訪ねよう	80
イベント、祝祭日、季節	82

伝えよう

マンガ　ラブ＆スイート・ハート etc. ……………… 84
　　　　ほめる ……………… 85

数字、序数	86
時間、一日	88
年、月、日、曜日	90
家族、友達、性格	92
趣味、職業	94
自然、動植物とふれあおう	96
訪問しよう	98
疑問詞、助動詞、動詞	100
反意語、感情表現	102
[さあ、困った！　お助け会話]	
体、体調	104
病気、ケガ	106
事故、トラブル	108
column　イギリスにおける"心と表現"	110

日本の紹介

日本の地理	112
日本の一年	114
日本の文化	116
日本の家族	118
日本の料理	120
日本の生活	122
column　イギリス式ライフスタイル	124

知っておこう

イギリスまるわかり	126
イギリス英語が上達する文法講座	128
イギリスにまつわる雑学ガイド	132
英語で手紙を書こう！	135
50音順イギリス英語単語帳	136

お役立ち単語コラム

出入国編	137
電話・通信編	139
両替編	141

はじめよう

自分の行動には自分で責任をもち、他人の行動にもおせっかいをやかないのがイギリス流。道を渡るときも要注意！

イギリス式道路の渡り方

赤信号でも車さえいなければがんがん渡るのは当り前

この国ではこと歩行者に関しては信号はあって無きがごとし

出遅れる日本人

車のスピード

道の反対側までの距離

自分の歩行速度

などを計算しつつ、危険がないと判断したらGO!

苦笑するおまわりさん

ある意味、非常に合理的

自分で判断

自己責任

同じヨーロッパでもドイツやスイスは非常に厳しく、他の歩行者から注意される。

ぎくっ

ちょっとあなた

あこ：世界中を旅するきままな日本人女子。モデルはあなたかもしれません

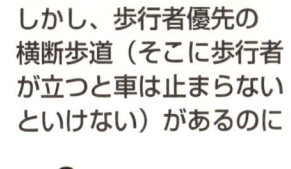

しかし、歩行者優先の横断歩道（そこに歩行者が立つと車は止まらないといけない）があるのに

しかも、それは進行方向にあるのに

横断歩道を渡るのを拒否するかのように横断

少しでも歩く距離を縮めたいのか？

信号無視して事故に遭い、ケガをしても自己責任なので要注意!!

歩行者が保護される日本とは違います

運転する側のマナーは比較的いい方だと思います。

キリコ：あこの友人。イギリス在住

あいさつ しよう

Let's say hello!
レッツ セイ ハロゥ

おはよう
Good morning.
グッモーニング

こんにちは
Hello.
ハロゥ

こんにちは	こんばんは	おやすみなさい
Good afternoon.	**Good evening.**	**Good night.**
グドアフタヌーン	グドゥイーヴニング	グッナイト

さようなら	またね	また会いましょう
Bye.	**See you later.**	**I'll be seeing you.**
バイ	スィー ユー レイタ	アィル ビ スィーイング ユー

● ていねいなあいさつ

ごきげんいかがですか？
How are you today?
ハゥ アー ユー トゥデイ

とても元気です。
あなたはいかがですか？
*I'm very well, thanks.
How about you?*
アィム ヴェリィ ウェゥ サンクス
ハゥ アバウト ユー

元気です。
ありがとう
I'm fine, thank you.
アィム ファイン サンキュ

さようなら
Goodbye.
グッバイ

さようなら。よい一日を
Bye-bye. Have a nice day.
バイバーイ ハヴァ ナイス デイ

★夕方以降ならHave a nice evening.「よい夜を」と言ってみよう

絶好調です	まあまあです	よくないです
I'm doing great!	**I'm all right.**	**Not so good.**
アイム ドゥーイング グレイト	アイム オゥライト	ノット ソウ グッド

お大事に	会えてよかったです	楽しかったです
Take care.	**Nice meeting you.**	**I had a good time.**
テイク ケア	ナイス ミーティング ユー	アイ ハダ グッタイム

また会えてうれしいです	お世話になりました
Nice to see you again.	**Thanks for everything.**
ナイス トゥ シー ユー アゲイン	サンクス フォ エヴリスィング

○○さんによろしく
Say hello to ○○ for me.
セイ ハロゥ トゥ ○○ フォ ミー

ひとくちコラム

まずは天気の話題がウケる?!「1日のうちに四季がある」と言われるほどめまぐるしく天候が変わるイギリスでは、あいさつのときに天気の話をすると、場の雰囲気がなごむ。

はじめよう / 歩こう / 食べよう / 買おう / 極めよう / 伝えよう / 日本の紹介

● 気軽なあいさつ

いいわよ。あなたは？
I'm okay. And you?
アイム オゥケイ アンデュ♪

今日はいい天気ね
Lovely day today, isn't it?
ラヴリィ デイ トゥデイ イズンティット

調子はどう？
How (are) you doing?
ハウ (ア) ユ ドゥーイン

悪くないよ
Not too bad.
ノット トゥー バッド

じゃあ、また
Bye for now.
バイ フォ ナウ

じゃあね、また！
Cheers. See ya!
チァーズ スィー ヤ

呼びかけよう

Let's talk!
レッツ トーク

ねえ、おい（気軽）
Hey!
ヘイ

すみません（ていねい）
Excuse me.
イクスキューズ ミー

写真を撮ってもいいですか？
Can I take a picture?
カナイ テイク ア ピクチャ♪

もちろん、いいですよ
Certainly.
サートゥンリー

写真を撮ってもらえますか？
Would you take my picure?
ウジュ テイク マイ ピクチャ♪

ごめんなさい、ダメ
No. I'm sorry.
ノウ アイム ソーリィ

○○さん（男性一般） **Mr.**○○ ミスター ○○	○○さん（女性一般） **Ms.**○○ ミズ ○○	○○さん（若い未婚女性） **Miss**○○ ミス ○○
他人（男性）や警官など **Sir.** サー	他人（女性）や婦人警官など **Ma'am / Madam** マム／マダム	○○さん（既婚女性） **Mrs.**○○ ミスィズ ○○
○○先生（教授） **Prof.** ○○ プロフェッサー ○○	○○先生（医者） **Dr.** ○○ ドクター ○○	警官 **Officer** オフィサー

column｜礼儀正しいイギリス人

どんな場面でもすぐにファーストネームで呼び合うようになるアメリカ人に比べ、イギリス人はある程度仲よくなるまでは、[敬称＋名字]で呼び合うことが多い。特に年配の人や目上の人に対しては、相手がPlease call me John.（ジョンと呼んでください）などと言わないかぎり、敬称をつけて呼ぶほうがイメージがいいだろう。また女性のMs.はあまり使われず、未婚・既婚を区別するのがまだ一般的。知らない人に呼びかけるときはExcuse me, sir.（すみません）と言い、相手もそれにYes, madam.（はい、何ですか？）などと答えることもよくある。

何かお困りですか？
Do you need any help?
ドゥ ユ ニード エニィ ヘルプ

 道に迷ったようです
I think I'm lost.
アイ シンク アイム ロスト

え、何ですか？
What did you say?
ワッ ディジュ セイ♪

もっとゆっくり話してくれますか？
Can you speak more slowly?
カニュ スピーク モア スロウリィ♪

わかりました
I understand.
アイ アンダスタンド

わかりません
I don't understand.
アイ ドント アンダスタンド

知っています
I know.
アイ ノウ

知りません
I don't know.
アイ ドント ノウ

結構です
No, thanks.
ノウ サンクス

そうです
That's correct.
ザッツ コレクト

そう思います
I think so.
アイ シンク ソウ

それは違います
That's not true.
ザッツ ノット トゥルー

本当にすみません
I'm very sorry.
アイム ヴェリィ ソーリィ

☕ ひとくちコラム
I'm sorry.は大切！
アメリカ人は「ごめんなさい」の意のI'm sorry.を使わないというのは有名な話だが、イギリスで同じことをしたら礼儀知らずと思われるので気をつけよう！

どうぞ
Please.
プリーズ

もしもし
Hello?
ハロウ

使える！ワードバンク 〈あいづち編〉

なるほど	I see.	アイ スィー
本当?!	Really?!	ウリアリィ♪
すごい	Wow!	ワウ
それで?	So?	ソウ♪
まさか!	No way!	ノウ ウェイ
同感です	I agree.	アイ アグリー
もちろん	Of course.	オフ コース

★人にぶつかったりしたとき、アメリカ人は「失礼」の意でExcuse me.と言うが、イギリスではI'm sorry.またはSorry.と言うのが普通

自己紹介しよう

Introduce yourself!
イントロデュース ヨァセルフ

こんにちは、私はアヤです。よろしく
Hi, I'm Aya. Nice to meet you.
ハーイ アイム アヤ ナイス トゥ ミーチュウ

日本から来ました
I'm from Japan.
アイム フロム ジャパン

会社員
office worker
オフィス ワーカー

学生です ➡P94 (職業)
I'm a student.
アイム ア スチューデント

主婦
housewife
ハウスワイフ

21歳です ➡P86 (数字)
I'm twenty-one.
アイム トゥエンティーワン

フリーター
part-time worker
パートタイム ゥワーカー

2回目の来英です ➡P86 (序数)
It's my second time here.
イッツ マイ セカンド タイム ヒア

仕事
on business
オン ビズィネス

5日間滞在します ➡P90 (年月日)
I'm staying here for five days.
アイム ステイング ヒア フォ ファイヴ デイズ

観光
for sightseeing
フォ サイトスィーイング

勉強のためにここに来ました
I came here to study.
アイ ケイム ヒア トゥ スタディ

買物
for shopping
フォ ショッピング

英語は難しいですね！
English is really difficult!
イングリッシュ イズ ゥリァリィ ディフィコウト

ひとくちコラム

個人的質問は要注意！
年齢（特に女性に対して）・結婚・宗教といった個人的な質問は、絶対的タブーとまでは言えないが、人によっては嫌がられることもあるので注意しよう。

家族と一緒に住んでいますか？
Do you live with your family?
ドゥ ユー リヴ ウィズ ヨァ ファミリィ↗

★イギリスではよりていねいなあいさつとして、How do you do?「はじめまして」もよく使う

こんにちは、私はビルです。こちらこそよろしく
Hi, I'm Bill. Pleased to meet you, too.
ハーイ アイム ビウ プリーズトゥ ミーチュウ トゥ

どこから来たのですか？
Where are you from?
ウェア アー ユー フロム

あなたの職業は何ですか？
What do you do for a living?
ワッ ドゥ ユー ドゥ フォ ア リヴィング

何歳ですか？
How old are you?
ハウ オーゥド アー ユー

イギリスは初めてですか？
Is this your first time in Britain?
イズ ディス ヨァ ファースタイム イン ブリトゥン♪

滞在の目的は何ですか？
What is the purpose of your visit?
ワット イズ ザ プァーパス オヴ ヨァ ヴィズイット

何日間滞在しますか？
How long are you going to stay here?
ハウ ロング アー ユー ゴーイング トゥ ステイ ヒア

既婚
married
マリィド

英語が上手ですね
Your English is very good.
ヨァ イングリッシュ イズ ヴェリィ グッド

独身
single
スィングゥ

はい。結婚していて、子供が1人（○人）います
Yes. I'm married and have one child (○ children).
イェス アイム マリィド アンド ハヴ ワン チャイゥド （○ チゥドゥレン）

イギリス英語を知っておこう

What is British English?
ワット イズ ブリティッシュ イングリッシュ

日本人が学校で習うのは基本的にアメリカ英語。でも、アメリカ英語とイギリス英語とでは、発音はもちろん、使われる単語もフレーズも、意外なほど違う。ここでは、いかにもイギリスらしくてていねいな、そしてちょっぴりかわいらしい響きのフレーズをご紹介。こうしたフレーズを現地で使えば、イギリス人もきっと喜んでくれるはず！

ありがとう／じゃあね！
Cheers!
チァーズ

どういたしまして
(It's) My pleasure.
（イッツ）マイ プレジャ

よかった／ステキね
Lovely.
ラヴリィ

おや、まあ
Oh, dear.
オゥ ディア

何て言ったの？
Sorry?
ソリィ↗

もう一度言ってください
Say it again, please.
セイ イッタゲン プリーズ

ものすごくすばらしい！
It's absolutely brilliant!
イッツ アブソルートリィ ブリリアント

○○はありますか？
Have you got ○○?
ハヴユー ゴット ○○

う〜ん、そうでもない／そうじゃないな
Well, not quite.
ウェウ ノックワイト

飲み物でもどう？
Fancy a drink?
ファンスィ ア ドリンク↗

本当にありがとうございます
Thank you very much indeed.
サンキュー ヴェリィ マッチ インディード

くだらない／ばからしい！
That's rubbish!
ザッツ ラビッシュ

足元に気をつけて！
Mind your step!
マィンド ヨァ ステップ

column｜指で数えてみよう

日本が人差し指から順にして数えていくのに対して、イギリスでは、親指から順番に数えていく。

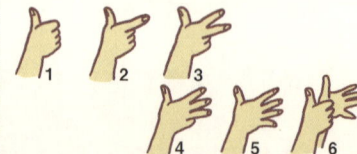

喜んで（○○します）
I'll be more than glad to.
アィウ ビー モァ ザン グラットゥ

★学校では疑問文の語尾は上げて言うと習うが、イギリス人は語尾を下げて質問することが多い

アメリカ英語との違い

旅行中にとてもよく見かける（使う）ごく一般的な単語のなかにも、イギリス英語とアメリカ英語の違いがいっぱい！　特に知らないと困るものをチェックしておこう。

イギリス英語	アメリカ英語	イギリス英語	アメリカ英語
映画館 **cinema** スィネマ 	映画館 **movie theater** ムーヴィ シアター	ゴミ **rubbish** ラビッシュ 	ゴミ **garbage** ガーベッジ
エレベーター **lift** リフト	エレベーター **elevator** エレヴェーター	トイレ **toilet/loo** トイレット／ルー 	トイレ **rest room** レストゥルーム
往復チケット **return ticket** リターン ティケット	往復チケット **round-trip ticket** ラウンドトリップ ティケット	支払いレジ **till** ティゥ	支払いレジ **cash register** キャッシュ レジスタァ
片道チケット **single ticket** スィングル ティキト	片道チケット **one-way ticket** ワンウェイ ティケト	地下鉄 **Underground/tube** アンダーグラウンド／チューブ	地下鉄★ **subway** サブウェイ
繁華街／目抜き通り **high street** ハイ ストゥリート	繁華街／目抜き通り **main street** メイン ストゥリート	駐車場 **car park** カー パーク	駐車場 **parking lot** パァーキング ロット
勘定書き **bill** ビゥ 	勘定書き **check** チェック	長距離バス **coach** コウチ 	長距離バス **bus** バス
出口 **way out** ウェイ アウト 	出口 **exit** エグズィット		
街の中心部 **city centre** スィティ センタ	街の中心部 **downtown** ダウンタウン		

使える！ワードバンク　〈アイテム編〉

- 携帯電話　〔英〕 mobile (phone)　モーバイ(ル)(フォン)
-      〔米〕 cell (phone)　セゥ(フォン)
- セーター　〔英〕 jumper　ジャンパ
-      〔米〕 sweater　スウェタァ
- パンツ (ズボン) 〔英〕 trousers　トラウザーズ
-      〔米〕 pants　パンツ
- パンティ　〔英〕 knickers　ニカーズ
-      〔米〕 panties　パンティーズ

★ロンドンの街でもSubwayという看板を見かけるが、これは道路の反対側に渡る「歩行者用地下道」のこと

歩こう

乗り物がずっと来なくても、店などで長蛇の列に並んでも、じっと待つのがイギリス人。時間には余裕をもって行動を。

時刻表

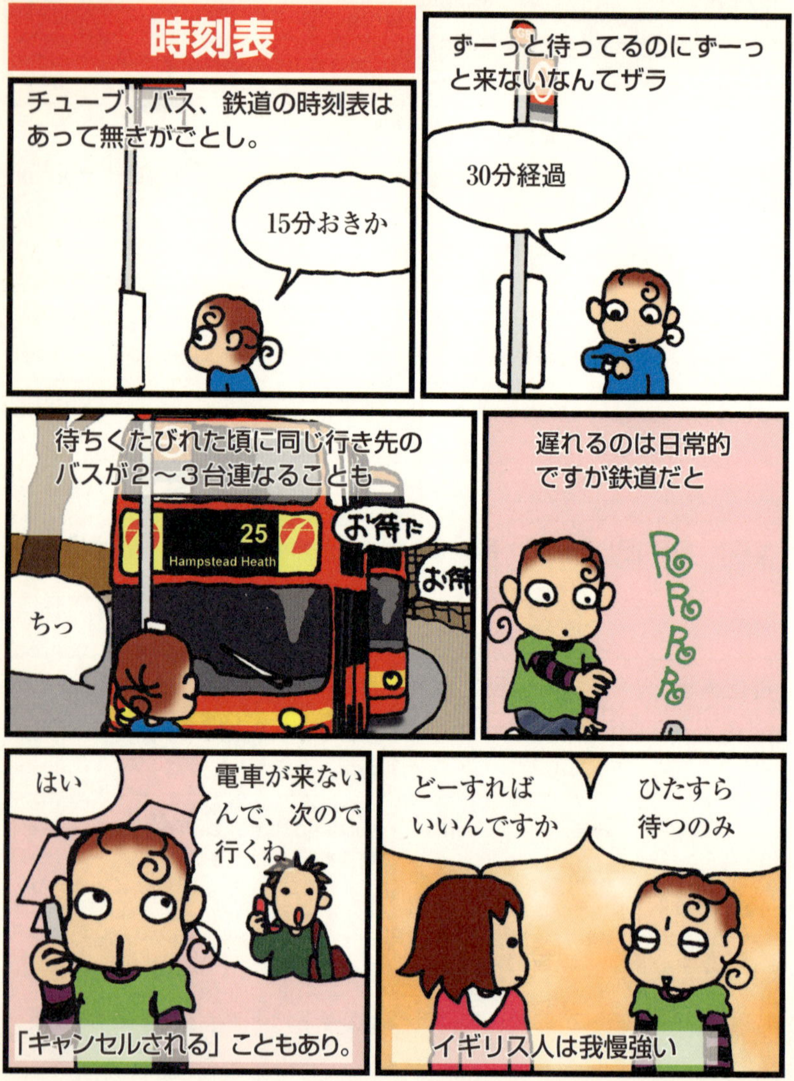

チューブ、バス、鉄道の時刻表はあって無きがごとし。

「15分おきか」

ずーっと待ってるのにずーっと来ないなんてザラ

「30分経過」

待ちくたびれた頃に同じ行き先のバスが2〜3台連なることも

「お待た」「お待」「ちっ」

遅れるのは日常的ですが鉄道だと

「はい」「電車が来ないんで、次ので行くね」

「キャンセルされる」こともあり。

「どーすればいいんですか」「ひたすら待つのみ」

イギリス人は我慢強い

マナー

★イギリス英語では「列、行列」のことをqueue(キュー)という。チケット売り場などでは、"Queue here."（ここに並んでください）というサインの前にじっと並んで待つのがマナー

ロンドンを歩こう

Let's check out London.
レッツ チェッカウト ロンドン

○○に行きたいのですが
I'd like to go to ○○.
アィド ライク トゥ ゴゥ トゥ ○○

○○駅で降りるといいですよ
Get off at ○○ station.
ゲットオフ アット ○○ ステイション

❶ ハムステッド
Hampstead
ハムステッド

かねてより芸術家や文学者たちが暮らした街で、ロンドンっ子が一度は住みたいと憧れるという、緑豊かなエリア。いわゆる高級住宅街で落ち着いた雰囲気。

❷ メイフェア
Mayfair
メイフェア

業界人など、おしゃれな人々が暮らす高級住宅街。古くから有名なボンド・ストリートには高級ブランド店が連なり、紳士・淑女が歩く姿も見られる。

[地図: ハムステッド / リージェンツ・パーク / ⑫メリルボーン Marylebone / ⑫ブルームズベリ Bloomsbury / 大英博物館 / ⑪ソーホー Soho / ⑪ピカデリー Piccadilly / ❷メイフェア Mayfair / ケンジントン・ガーデンズ / ケンジントン宮殿 / ハイド・パーク / バッキンガム宮殿 / ハロッズ / ❸ケンジントン Kensington / ❹ナイツブリッジ Knightsbridge / ❻ウエストミンスター Westminster / ❺チェルシー Chelsea]

❸ ケンジントン
Kensington
ケンズィントン

街の中央に位置するケンジントン・ガーデンはハイド・パークに接する広大な公園。園内にはダイアナ元皇太子妃が住んだケンジントン宮殿がある。

❹ ナイツブリッジ
Knightsbridge
ナイツブリッジ

かの有名な高級デパート、ハロッズがシンボル。その老舗デパートが面するブロンプトン・ロードと東で交差するスローン・ストリートはハイソな高級ストリート。

❺ チェルシー
Chelsea
チェゥシー

サマセット・モームやオスカー・ワイルドなど、文化人に愛された瀟洒な住宅街。キングス・ロードにはアンティークや雑貨の店、個性派ブティックが点在。

★2011年12月現在、ロンドンには世界遺産が3つ。国会議事堂/ウエストミンスター寺院/セント・マーガレット教会、ロンドン塔、河港都市グリニッジの3つだ

❻ ウエストミンスター

Westminster
ウェストミンスター

バッキンガム宮殿、国会議事堂やウエストミンスター寺院など、ロンドン観光のハイライトが集中する黄金エリア。一年中、観光客でいっぱい。

❼ シティ〜サザーク

The City 〜 Southwark
ザ シティ サザーク

金融の中心地シティの対岸に広がるサザークは再開発が進む注目エリア。この両岸を東端で結ぶのがタワー・ブリッジだ。

❽ グリニッジ〜ドックランズ

Greenwich 〜 Docklands
グリニッジ ドックランズ

倉庫街だったドックランズも、今やビルやマンションが立つ近未来都市。グリニッジは世界標準時を示す子午線が通っていることで有名。

❾ サウスバンク

Southbank
サウスバンク

テムズ川の南岸は知的好奇心を刺激する一大文化地区。シアターやギャラリーも多く、商業地区のウエストエンドとは異なる雰囲気。

❿ コヴェント・ガーデン〜ストランド

Covent Garden 〜 Strand
コヴェント ガードゥン ストランド

コヴェント・ガーデンは観光客に人気の一大スポット。マーケットやストリートパフォーマーで有名。

⓭ スピタルフィールズ

Spitalfields
スピトゥフィールズ

アートやエンターテイメントなどの業界人が多く住む洗練されたエリア。スピタルフィールズ・マーケットは個性派品揃い。

⓬ ブルームズベリー〜メリルボーン

Bloomsbury 〜 Marylebone
ブルームズベリィ マーリバン

古くから芸術家や学者たちが集まったエリア、ブルームズベリーの中心を成すのは大英博物館。周辺には大学やさまざまな博物館などが点在。

⓫ ソーホー〜ピカデリー

Soho〜 Piccadilly
ソゥホゥ ピカディリー

エロスの像が立つピカデリー・サーカスにはショップ、レストラン、映画館が集まり観光客が多い。その北側にあるソーホーは中華街で有名。

あなたが好きな町を教えてください
What is your favourite city?
ワット イズ ヨァ フェイヴァリット シティ

おすすめの町はどこですか？
What town would you recommend?
ワット タウン ウジュゥレコメンド

私はリヴァプールが好きです
I love Liverpool.
アイ ラヴ リヴァプーゥ

ひとくちコラム
イギリスとは
ヨーロッパ大陸北西の沖合いに位置し、イングランド、スコットランド、ウェールズ、を含むグレート・ブリテンと、北アイルランドから成り立つ。

❶ ロンドン
London
ロンドン

イギリスだけでなく、ヨーロッパを代表する観光都市。新旧さまざまな分野で"世界の一流"と出合える街。美術、音楽などは最先端。

❷ ウィンザー
Windsor
ウィンザー

ロンドン近郊にある城下町。エリザベス女王お気に入りの居城、ウィンザー城は現在イギリスで使われている最大かつ最古の城だ。

❸ カンタベリー
Canterbury
カンタベリィ

B.C.43年のローマ軍進入を契機に商業の中継地として繁栄。英国国教会の聖地でもある。チョーサーの『カンタベリー物語』でも有名。

❹ バース
Bath
バース

温泉によって栄え、バス（風呂）の語源になった町。熱い湯が湧き出る温泉は国内で唯一。1987年に世界遺産にも登録された。

❺ ブライトン
Brighton
ブライトン

もとは小さな漁村だったが、現在は保養地として名高い海辺リゾート。ジョージ4世が建てた離宮、ロイヤル・パヴィリオンが有名。

❻ オックスフォード
Oxford
オックスフォード

イギリス最古の学園都市。40近い壮厳で美しいカレッジがあり、別名は"夢見る尖塔の町"。小説『不思議の国のアリス』が誕生した町。

❼ ストラトフォード・アポン・エイヴォン
Stratford-upon-Avon
ストラトフォード アポン エイヴォン

イギリスを代表する小説家のシェイクスピアが生まれ育ち、晩年に再び戻り、52歳で没するまで過ごした町。木組みの古い家並みとエイヴォン川の美しい風景が有名。

❽ ケンブリッジ
Cambridge
ケンブリッジ

ニュートンやダーウィンなど世界で有名な学者を輩出した大学をはじめ、数々の大学がある町。中世ではマーケット・タウンだった。

❾ リヴァプール
Liverpool
リヴァプール

ビートルズの故郷として有名な港町。現在は国内2番目の貿易港であり、2004年には世界遺産にも登録された港湾都市。

❿ ヨーク
York
ヨーク

1世紀にローマ人が築いた町。キリスト教信仰の中心地として栄えてきた。国内最大ゴシック建築の教会ヨーク・ミンスターは必見。

★イングランドには、2011年12月現在で17の世界遺産がある。そのうちの3つはロンドンにある

○○に行こうと思っています
I'm thinking of going to ○○.
アイム　シンキング　オヴ　ゴウイング　トゥ　○○

○○に興味があるのですが
I'm interested in ○○.
アイム　インタレステディン　○○

❶エジンバラ
Edinburgh
エディンバラ

タータンやスコッチウイスキーの本場として有名なスコットランド。連合王国の一員になるまでの首都がエジンバラ。バグパイプの音が街を包む。

❷グラスゴー
Glasgow
グラースゴゥ

スコットランド最大の産業都市として発展してきた大都市。豊富な水量を誇るクライド川の水路交通を中心に育れた町の歴史は6世紀まで遡る。

❸セント・アンドリューズ
St. Andrews
セィント　アンドリューズ

ゴルフ愛好者が一度はプレイを夢見る近代ゴルフ発祥の地。全英オープンの開催地としても有名だ。スコットランドで一番古い大学もこの町に。

❹インヴァネス
Inverness
インヴァネス

ネス湖から流れ出るネス川の河畔に開けたハイランドの中心地として発展してきた町。ネス湖への観光拠点としても知られている。

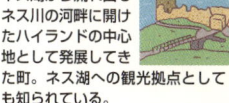

❺スターリング
Stirling
スターリング

❻フォート・ウィリアム
Fort William
フォート　ウィリアム

❼アバディーン
Aberdeen
アバディーン

❽パース
Perth
パース

❾スカイ島
Isle of Skye
アイゥ　オヴ　スカイ

❿アラン島
Isle of Arran
アイゥ　オヴ　アゥラン

エディンバラ城
Edinburgh Castle
エディンバラ　カースゥ

バグパイプ
bagpipes
バグパイプス

キルト
kilts
キゥツ

🫖 ひとくちコラム
スコットランド英語について
スコットランドの人たちが話す英語は、独特のちょっとこもったような発音で、日本人にとってはなかなか聞き取るのが難しい（イングランド人でもよくわからないことがあるとか）。また、発音だけでなく単語も独特のものがたくさんあり、その多くはこの地に昔住んでいたケルト人の言語「ゲール語」が起源。ちなみにgolf（ゴルフ）、links（海沿いの起伏のある砂地）などは、スコットランドで生まれて広く一般的な英語で使われるようになった語だ。

蒸留所
distillery
ディスティゥラリー

ネッシー
Nessie
ネシー

使える！ワードバンク　スコットランド英語編

湖	**loch**	ロッホ
山	**ben**	ベン
峡谷	**glen**	グレン
河口	**firth**	ファース

★スコットランドでは、エジンバラの旧市街と新市街、ニュー・ラナーク、オークニー諸島の新石器時代遺跡中心地、セント・キルダ群島が世界遺産に登録されている（2011年12月現在）。

別の町へ移動しよう

Let's go somewhere else!
レッツ ゴウ サムウェア エゥス

チェックインをお願いします
I'd like to check in, please.
アィド ライク トゥ チェック イン プリーズ

パスポートと航空券を拝見します
May I see your passport and ticket?
メアイ スィー ヨァ パースポート アンド ティケット

はい、どうぞ
Here you are.
ヒァ ユー アー

お預かり荷物はありますか？
Are you checking any baggage?
アー ユー チェッキング エニィ バゲッジ

はい
Yes.
イェス

窓側（通路側）の席をお願いできますか？
Could I have a window (an aisle) seat?
クダイ ハヴァ ウィンドウ（アン アイゥ）スィート

出発 **departure** ディパーチャー	チェックインカウンター **check-in counter** チェックイン カウンター	搭乗チケット **boarding pass** ボーディング パス

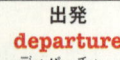   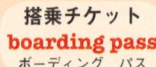 

到着 **arrival** アライヴァゥ	手荷物受取所 **baggage reclaim** バゲッジ ゥリクレイム	両替所 **bureau de change** ビューゥロウ ド チェインジ

★イギリスの空の玄関ヒースロー空港は、混雑するうえにセキュリティも厳しいので、早めにチェックインしよう

column　レンタカーを利用する場合

レンタカーを運転するには国際免許とパスポートが必要。車を借りられる年齢は一般的には21歳または23歳以上だが、会社によっては異なる場合もあるので利用する場合は日本出発前に確認をしておきたい。イギリスの場合、日本と同じ右ハンドルおよび左側走行なので比較的運転はしやすいが、馴れない土地では十分に注意しよう。また、イギリスで初めて運転する人が最も戸惑うといわれるのが“ラウンドアバウト”。時計回りのロータリー式交差点のことで一方通行。左折、直進車は外側を、右折車は内側を走り、出口に向かう。

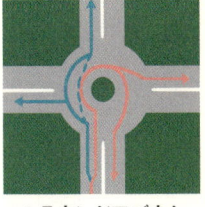

▲ラウンドアバウト

●交通案内標式の例

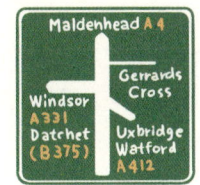

Maldenhead A4
Gerrards Cross
Windsor A331
Datchet (B375)
Uxbridge Watford A412

▲地図を示す例

Stamford A1
Huntingdon A141

▲方向を示す例

Featherstone B6133
Castleford A655
Wakefield A655

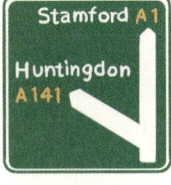

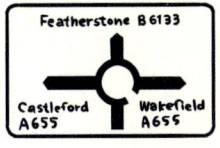

▲ラウンドアバウトあり

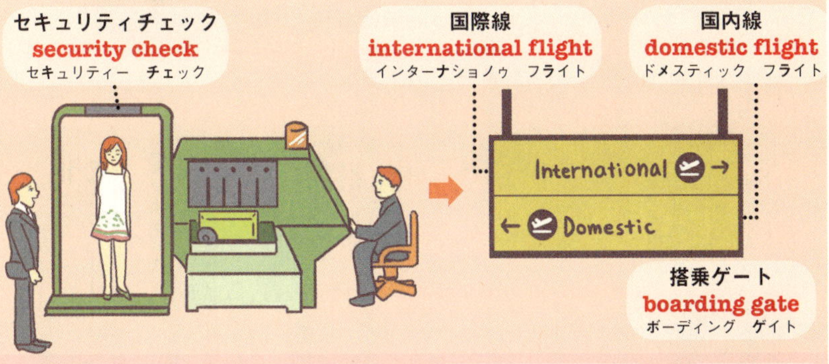

セキュリティチェック
security check
セキュリティー　チェック
国際線
international flight
インターナショノゥ　フライト
国内線
domestic flight
ドメスティック　フライト
International
Domestic
搭乗ゲート
boarding gate
ボーディング　ゲイト

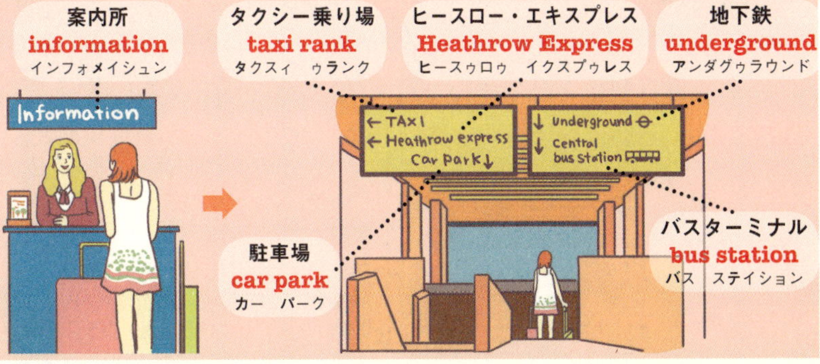

案内所
information
インフォメイシュン
タクシー乗り場
taxi rank
タクスィ　ゥランク
ヒースロー・エキスプレス
Heathrow Express
ヒースゥロゥ　イクスプゥレス
地下鉄
underground
アンダグゥラウンド
Information
← TAXI
← Heathrow express
Car park ↓
↓ Underground
↓ Central bus station
バスターミナル
bus station
バス　ステイション
駐車場
car park
カー　パーク

★ヒースロー・エキスプレスは、ヒースロー空港とロンドン市内を約15～20分で結ぶ特急列車

地下鉄、バス、タクシーに乗ろう

Let's take public transport!
レッツ テイク パブリック トゥランスポート

ロンドン市内の移動手段は3つ。チューブの愛称で親しまれている地下鉄、ダブルデッカーをはじめとした赤いバス、クラシックなタクシーのブラックキャブが主要となる。

切符はどこで買えますか？
Where can I buy a ticket?
ウェア カナイ バイ ア ティケット

1日乗車券をください
One day travelcard, please.
ワン デイ トゥラベゥカード プリーズ

ひとくちコラム
お得なオイスター
ロンドンで地下鉄・バスに乗るなら、oyster card（オイスターカード）がおすすめ。日本のスイカ／イコカと同じタッチ式で料金も通常より安くなる。

券売機 **ticket machine** ティケット マシーン	地下鉄路線図 **tube map** テューブ マップ	案内板 **sign** サイン	電光掲示板 **electronic sign** イレクトゥロニック サイン

案内／券売窓口
assistance and tickets window
アスィスタンス アンド ティケッツ ウィンドゥ

タッチスクリーン
touch-screen
タッチ スクゥリーン

改札
gate
ゲイト

○○の最寄り駅はどこですか？
Which station is for ○○?
ウィッチ ステイション イズ フォ ○○

乗り換えないといけませんか？
Do I need to change trains?
ドゥ アイ ニード トゥ チェインジ トゥレインズ

使える！ワードバンク 〔乗り物編〕

○○行き（地下鉄）	**terminate at ○○**	トゥアーミネイト アット ○○
○○行き（バス）	**towards ○○**	トゥワーズ ○○
経由	**via**	ヴァイア
乗る	**get on**	ゲットオン
降りる	**get off**	ゲットオフ
プラットホーム	**platform**	プラットフォーム

★世界最古であるロンドンの地下鉄は、遅れや運行停止がとにかく多い。改札付近にあるボードで運行状況を必ず確認しよう

このバスは○○に行きますか?
Does this bus go to ○○?
ダズ ディス バス ゴウ トゥ ○○↗

↓

はい、行きます
Yes, it does.
イェス イッダーズ

いいえ、○○番のバスに乗ってください
No. You should take the number ○○ bus.
ノウ ユー シュッド テイク ザ ナンバー ○○ バス

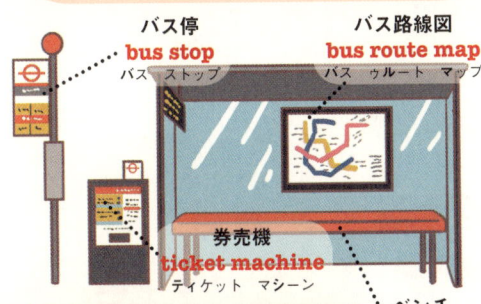

バス停 **bus stop** バス ストップ
バス路線図 **bus route map** バス ルート マップ
券売機 **ticket machine** ティケット マシーン
ベンチ **bench** ベンチ

☕ ひとくちコラム
バス停は2種類あるので注意
バス停には、満員でない限り必ず停まる"フェアステージ"と、手を上げて合図をしないとバスが通過してしまう"リクエスト"の2種類がある。バス停のマークが白地に赤ならフェアステージ、赤地に白ならリクエストだ。

ダブル・デッカー
double decker
ダブゥ デッカー

ロンドンの顔ともいえる2階建てバス。2階席からの眺めは最高!

シングル・デッカー
single decker
スィングゥ デッカー

ごく一般的な1階建て&1両編成のバス。サイズは大小2種類ある。

ベンディー
bendy
ベンディ

ダブル・デッカーの数を減らす目的で導入された2両編成のバス。

ブラックキャブ
black cab
ブラック キャブ

タクシーを呼んでください
Will you call a taxi for me?
ウィル ユー コーゥ ア タクスィ フォ ミー↗

○○まで行ってください
To ○○, please.
トゥ ○○ プリーズ

急いでいます
I'm in a hurry.
アイム イン ア ハゥリィ

このあたりで停めてもらえますか?
Will you pull over here?
ウィゥ ユー プゥ オゥヴァ ヒァ↗

☕ ひとくちコラム
タクシーの乗り方
屋根のTAXIの文字や助手席にあるFOR HIREのサインが点灯していたら空車の合図で、手は上方ではなく真横に出して止める。車が停まったら乗る前に、窓越しにドライバーに行き先を告げ、OKが出たら自分で扉を開け乗車する。

★ロンドンのタクシーといえば黒いクラシカルなオースチンのブラックキャブが有名だが、実際にはオースチン以外の車種も多く走っている

道を尋ねよう

Asking directions
アスキング ダイゥレクションズ

○○への行き方を教えてもらえますか？
Could you tell me how to get to ○○?
クッジュー テゥ ミー ハウ トゥ ゲットゥ ○○

2つ目の角を右に曲がってください
Turn right at the second corner.
トァーン ゥライト アッザ セカンド コーナァ

遠いですか？
Is it far from here?
イズィット ファー フロム ヒア

遠いです
Yes, it's far.
イエス イッツ ファー

近いです
No, it's close.
ノウ イッツ クロース

- 病院 **hospital** ホスピタゥ
- バス停 **bus stop** バス ストップ
- 広場 **square** スクウェア
- 公園 **park** パーク
- 観光案内所 **tourist information centre** トゥーリスト インフォメイション センタ
- 現在地 **You are here.** ユー アー ヒア
- 鉄道の駅 **train station** トゥレイン ステイション
- 信号 **traffic signal** トゥラフィック シグナゥ
- タクシー乗り場 **taxi rank** タクシィー ゥランク
- 警察署 **police station** ポリース ステイション
- 郵便局 **post office** ポゥストオフィス
- 銀行 **bank** バンク
- ホテル **hotel** ホテゥ
- 地下鉄の駅 **tube station** テューブ ステイション

★人に道を尋ねるときは、最初にExcuse me.「すみません」のひと言を忘れずに

（地図を見ながら）現在位置を示してください
Please show me where we are on this map.
プリーズ ショウ ミー ウェア ウィー アー オン ディス マップ

私についてきてください
Please follow me.
プリーズ フォロウ ミー

この道をまっすぐ行ってください
Go straight up this road.
ゴゥ ストレィト アップ ディス ロゥド

右側にあります
You'll see it on your right.
ユーゥ スィー イット オン ヨァ ゥライト

それは○○の前にあります
It's in front of ○○.
イッツ イン フロント オヴ ○○

歩いて5分くらいで着きます
It's about five-minute walk.
イッツ アバウト ファイヴ ミニット ウォーク

上 **up** アップ

下 **down** ダウン

右 **right** ゥライト

左 **left** レフト

前 **front** フロント

後 **behind** ビハインド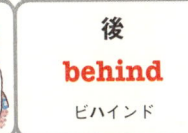

西 **west** ウェスト
北 **north** ノース
南 **south** サウス
東 **east** イースト

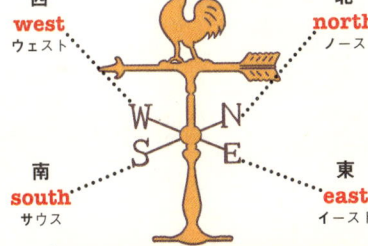

ペリカン横断歩道
pelican crossing
ペリカン クロッシング

押しボタン式信号の横断歩道。日本の押しボタン式信号と同様に、歩行者が渡りたい時はその都度ボタンを押して待つ。道路上にストライプのペイントはない。

ひとくちコラム
2種類ある横断歩道
イギリスの横断歩道は「ペリカン」（押しボタン式の信号付き）と「シマウマ」（信号なし）の2種類。車道部分の足元にはよくLOOK RIGHT/LEFT（右／左方向の車に注意）と書いてあるので、その方向から来る車に注意して渡ろう。

シマウマ横断歩道
zebra crossing
ズィーブラ クロッシング

黄色いランプのポールが立っているだけで、信号はない横断歩道。歩行者優先で人がいる時は車は絶対停止をしなくてはならないルールがある。

使える！ワードバンク　街歩き編

看板	sign	サイン
交通標識	traffic sign	トゥラフィック サイン
次の	next	ネクスト
○○の隣	next to ○○	ネクスト トゥ ○○
反対側	opposite side	オポズィット サイド
交差点	crossroads	クゥロスゥローズ
歩行者	pedestrian	ペデストゥーゥリアン

★イギリスの街はどこも比較的安全だが、あまり長い間地図を広げているとスリなどに狙われるので要注意！

観光しよう

Let's see the sights!
レッツ スィー ザ サイツ

入場料はいくらですか？
How much is the admission?
ハウ マッチ イズ ディ アッドミション

○○ポンドです
It's ○○ pounds.
イッツ ○○ パウンズ

無料です
It's free.
イッツ フリィー

○○割引はありますか？
Is there a discount for ○○?
イズ ゼァ ア ディスカウント フォ ○○

大人2枚お願いします
Two adults, please.
トゥー アドゥツ プリーズ

学生	団体	子供	シニア
students	**groups**	**children**	**OAPs**
ステューデンツ	グルゥプス	チゥドレン	オウ エイピーズ

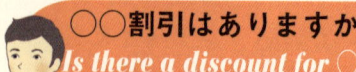

大英博物館
British Museum
ブリティッシュ ミューズィアム

企画展示
special exhibition
スペシャウ エクシビション

常設展示
permanent exhibition
パーマネント エクシビション

カフェ
café
カフェイ

出口
way out
ウェイ アウト

ツアーガイド
tour guide
トゥアー ガイド

展示品
exhibit
イグズィビット

オーディオガイド
audio guide
オーディオ ガイド

パンフレット
leaflet
リーフレット

館内ツアー客
tour group
トゥアー グルゥプ

★OAPは "Old Age Pensioner"（年配の年金受給者）の略

写真を撮ってもらえますか
Will you take a photo of me?
ウィル ユー テイク ア フォト オヴ ミー↗

だめです
No. I'm sorry.
ノウ アイム ソーリィ

いいですよ
Okay.
オケイ

もう一枚お願いできますか？
Will you take another one, please?
ウィル ユー テイク アナザ ワン プリーズ↗

ビデオ	○○を背景に入れてくれますか？
video	**Will you include ○○ in the picture?**
ヴィディオ	ウィル ユー インクルード ○○ イン ザ ピクチャ↗

バッキンガム宮殿
Buckingham Palace
バッキンガム パレス

ビッグ・ベン
Big Ben
ビッグ ベン

ロンドン塔
Tower of London
タワー オヴ ロンドン

●衛兵の制服
4〜9月くらい / 10〜3月くらい

すばらしかったです！
It was absolutely fantastic
イッワズ アブソールトリィ ファンタースティック

ひとくちコラム
ロンドンでは必ず見たい "衛兵交替式" 
エリザベス女王が住むバッキンガム宮殿で行われる衛兵交替式は、ロンドン観光のハイライトのひとつ。近衛兵たちは毎回11時30分にウエリントン・バラックスから行進をスタートし、ゆっくりとバッキンガム宮殿へと向かう。そして宮殿の前庭で、伝統の交替の儀式を行うのだ。交替式が行われるのは4〜7月は毎日、8〜3月は月ごとに偶数日または奇数日の隔日なので、事前にチェックしておこう。毎回観光客が大勢集まるので、間近に見たいなら早めに行って場所を確保するといい。ベストポイントは正面左側の鉄門脇や、クイーン・ヴィクトリア・メモリアル周辺など。

使える！ワードバンク　観光編

開館時間	**opening time**	オゥプニング タイム
閉館時間	**closing time**	クローズィング タイム
休館日	**closed on ○○**	クローズド オン ○○
美術館	**gallery**	ギャルリィ
博物館	**museum**	ミューズィアム
入口	**entrance**	エントゥランス
写真撮影禁止	**no photographs**	ノー フォトグラフス
ビデオ撮影禁止	**no filming**	ノー フィウミング
フラッシュ禁止	**no flash**	ノー フラッシュ
立ち入り禁止	**no entry**	ノー エントリィ
衛兵交替式	**changing of the guards**	チェィンジング オヴ ザ ガーズ

★観光スポットの料金表に書いてある "concession" とは、学生やシニア向けの割引料金のこと

ホテルに泊まろう

Let's stay at a hotel.
レッツ ステイ アット ア ホテゥ

予約した○○です
I'm ○○ and I have a reservation.
アイム ○○ アンド アイ ハヴァ ウレザヴェイション

チェックインをお願いします
I'd like to check in, please.
アイド ライク トゥ チェック イン プリーズ

空室はありますか？
Have you got any rooms available?
ハヴュー ゴット エニィ ルームズ アヴェイラボゥ

満室です
We're fully booked.
ウィア フゥリィ ブックト

もう少し安い部屋はありますか？
Do you have anything cheaper?
ドゥ ユー ハヴ エニィスィング チーパァ

あります
Yes, we have.
イェス ウィ ハヴ

一泊いくらですか？
How much is it per night?
ハウ マッチ イズィット パ ナイト

○○ポンドです
It's ○○ pounds.
イッツ ○○ パウンズ

○泊したいのですが
I'd like to stay for ○ nights.
アイド ライク トゥ ステイ フォ ○ ナイツ

またにします
I'll think about it.
アイウ スィンク アバウト イット

どんなお部屋にしますか？
What kind of room would you like?
ワット カインド オヴ ゥルーム ウジュー ライク

シングル
single
シングゥ

ツイン
twin
トゥイン

ダブル
double
ダボゥ

バス・トイレ付き
en suite
アン スィート

バスタブ付き
with a bath
ウィズ ア バース

☕ **ひとくちコラム**

宿泊施設の種類
ホテルには一般的な大・中規模ホテルのほか、タウンハウス・ホテル、ブティック・ホテルなどと呼ばれる小規模ホテルや、カントリーサイドの貴族の館を活用したマナーハウス（あるいはカントリーハウス）という豪華ホテルもある。B&Bは「ベッド＆ブレックファスト」の略で、その名の通り「ベッドと朝食」を提供してくれる個人経営の小さな宿泊施設。B&Bよりも少し部屋数が多いゲストハウスもある。

★厳格な禁煙法が施行されたイギリスでは、ホテルも全室禁煙というところが次第に増えている

日本語	English	カナ
電灯	**lamp**	ランプ
枕	**pillow**	ピロゥ
電話	**telephone**	テレフォウン
金庫	**safe**	セイフ
バスルーム	**bathroom**	バスルーム
シャワー	**shower**	シャワー
シーツ	**sheets**	シーツ
トイレ	**toilet**	トイレット
エアコン	**air-conditioning**	エアコンディショニング
タオルバー	**towel rail**	タウォゥ ウレイゥ
インターネット接続	**internet connection**	インターネット コネクシュン
テレビ	**television**	テレヴィジュン
紅茶	**tea**	ティー
湯沸かし	**kettle**	ケトル
冷蔵庫	**refrigerator**	ウリフリジェレイター

掃除をお願いします
Please make up the room.
プリーズ メイク アップ ザ ゥルーム

モーニングコール
wakeup call
ウェイカップ コーゥ

○○を取り替えてください
Please change my ○○.
プリーズ チェインジ マイ ○○

○○がありません
There is no ○○.
ゼア イズ ノー ○○

○○が壊れています
○○ doesn't work.
○○ ダズント ワーク

使える！ワードバンク 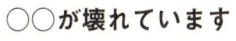（ホテル編）

日本語	English	カナ
クリーニング	**laundry**	ローンドゥリー
シャンプー	**shampoo**	シャンプー
コンディショナー	**conditioner**	コンディショナー
トイレットペーパー	**toilet roll**	トイレット ゥローゥ
石けん	**soap**	ソゥプ
ドライヤー	**hair dryer**	ヘァ ドライヤ
タオル	**towel**	タウォゥ
電球	**light bulb**	ライト バゥブ
コンセント	**socket**	ソケット
非常口	**emergency exit**	イマージェンスィ エクズィット
フロント	**reception**	リセプション

★ホテルのバスルームはシャワーのみ、あるいはバスタブのみということが多いので、予約時に確認しておこう

食べよう

いまや世界的グルメ国へと変貌しつつあるイギリス。デパートやスーパーでお惣菜を買ってホテルで内食もおすすめ。

イギリスの外食事情

昔からイギリスは食べ物がまずいと言われてきましたが

「うちにも遊びに来てよー」

「でもロンドン食べ物まずいっしょ?」

この十年くらい、イギリスでは「食」がトレンド!!
給食での食育も話題です

カリスマシェフがTVでも大活躍!!

〇〇のうんたらキッチン

おいしいものもいろいろあります!!

とにかく高いだけ!!

日本円に換算すると悲しいので、£1＝100円と思うようにしてます

円高になっても…

夕食の場合、安いアジア系でも、最低£15くらい。
お酒を飲んだら£20〜30ほど。
ちょっとしたレストランだと3コース（前菜、主菜、デザート）で£50〜。
上は天井知らず…

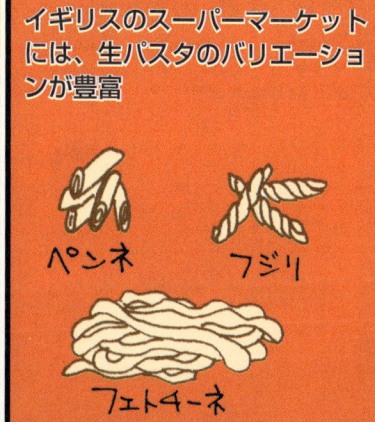

レストランへ行こう

Let's go to a restaurant!
レッツ ゴゥ トゥ ア ゥレストゥラント

○○の名前で予約しています
I have a booking in the name of ○○.
アイ ハヴァ ブキング イン ザ ネイム オヴ ○○

2人ですが、席はありますか？
Have you got a table for two?
ハヴユー ゴット ア テイボゥ フォ トゥー↗

→ はい **Yes.** イェス
→ いいえ **No.** ノウ

どのくらい待ちますか？
How long do we need to wait?
ハゥ ロング ドゥ ウィ ニートゥ ウェイト

30分ほどです
30 minutes.
サーティ ミニッツ

メニューをください
May I see the menu?
メアイ スィー ザ メニュゥ↗

子供用メニュー
kid's menu
キッズ メニュ

ランチメニュー
lunch menu
ランチ メニュ

ワインリスト
wine list
ワイン リスト

デザートメニュー
dessert menu
デザーァト メニュ

おすすめ料理はどれですか？
What are the house specialties?
ワット アァ ザ ハウス スペシャゥティーズ

本日のおすすめ
today's specials
トゥデイズ スペシャゥズ

あれと同じものをください
I'll have the same dish as that.
アイゥ ハヴ ザ セイム ディッシュ アズ ザット

ひとくちコラム

適切なチップの額は？
通常は料金の10～15％が目安。もちろん、ものすごくいいサービスを受けたら多めに、逆にあまりにもひどいサービスだったら少なめに支払ってもかまわない。また店によっては、あらかじめ勘定書にチップが含まれていることもあるので必ずチェックしよう。クレジットカードで支払いをする場合は、サインする紙に自分で金額を書き込んでもいいし、チップだけ現金でテーブルに置いてきてもいい。

（メニューを指して）これをください
I'd like this, please.
アイド ライク ズィス プリーズ

★ナイフ、フォーク、スプーンの総称を、イギリスでは "cutlery"（カトラリー）と言う

ご注文は？
Are you ready to order?
アユー ウレディ トゥ オーダァ

だいたい決まったんですけど
We're almost ready.
ウィア オーゥモゥスト ウレディ

もう少し時間が必要ですか？
Do you need another minute to decide?
ドゥ ユー ニードァナザー ミニットゥ ディサイド↗

ええ、また後で来てもらえますか？
Yes. Will you come back a bit later?
イェス ウィリュー カム バック ア ビット レイタァ↗

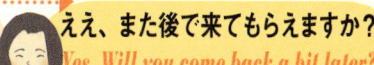

ウェイトレス waitress ウェイトレス

シェフ chef シェフ

皿 plate プレイト

グラス glass グラース

スプーン spoon スプーン

カップ cup カップ

フォーク fork フォーァク

ナイフ knife ナイフ

○○をください	お勘定をお願いします	取り皿
Can I have a ○○?	**Bill, please.**	**extra plate**
キャナイ ハヴ ア ○○ ↗	ビゥ プリーズ	エクストラ プレイト

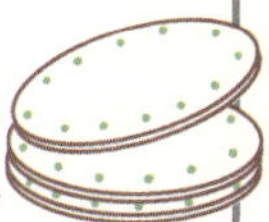

料理がまだ来ません	割り勘
We're still waiting for our food.	**split the bill**
ウィアァ スティゥ ウェイティング フォァ アウァァ フード	スプリット ザ ビゥ

お代わり	箸	おごり	分け合う
refill	**chopsticks**	**treat**	**share**
リフィゥ	チョップスティックス	トリート	 シェア

★指でペンを持つ形を作って軽く左右に振ると、「お勘定お願いします」の意味になる

イギリス伝統料理

Traditional British food
トゥラディッショナゥ ブゥリティッシュ フード

おすすめ料理はなんですか？
What do you recommend?
ウワット ドゥ ユ レコメンド

○○をおすすめします
You should try the ○○.
ユ シュド トライ ザ ○○

イングランド
England イングランド

イギリスといえば「これ！」という料理は、イングランドの伝統料理であることが多い。いずれも昔から親しまれた庶民派の味で、レストランだけでなくパブなどでも味わえる。

ローストミート
roast meat
ゥロウスト ミート

オーブンでこんがり焼いた肉類は伝統料理の代表。ソースと西洋ワサビをつけて食べる。

ステーキ&エールパイ
steak & ale pie
ステイク アンド エィゥ パイ

牛肉をエールビールでシチューのように煮込み、パイ生地で包んで焼いたもの。

ソーセージ&マッシュ
sausage & mash
ソーシッジ アンド マッシュ

ソーセージとマッシュポテトのみの単純な定番料理。塩味が効いていてビールとの相性も抜群。

プローマンズ・ランチ
ploughman's lunch
プラウマンズ ランチ

一皿に盛られたチーズやピクルス、パン、野菜などの素材そのものを味わう。"農夫の昼食"という意味。

ジャケット・ポテト
jacket potato
ジャキット ポテイトウ

皮のままローストしたジャガイモにチーズ、ハム、コールスローなどをのせて。

ビーフ・ステーキ
beef steak
ビーフ ステイク

世界中で味わえるステーキはもとはイギリス伝統料理。ブリティッシュビーフよりスコティッシュビーフが高め。

キッパー
kipper
キパー

ニシンの塩漬けをスモークしたもの。ポーチドエッグを添えて朝食に食べることが多い。

イール&マッシュ
eel & mash
イーゥ アンド マッシュ

ロンドンの下町の専門店で出される名物料理。茹でウナギとマッシュポテトにパセリソースをかけたもの。

○○をください
Could I have ○○?
クダイ ハヴ ○○?

この料理には○○が付いてきますか?
Does this come with ○○?
ダズ ディス カム ウィズ ○○

ひとくちコラム
カーヴァリーって何?
Carvery(カーヴァリー)とは、目の前で切り分けてくれるビーフ、ラムなどのロースト・ミートと、ヨークシャー・プディング、茹で野菜、サラダといった付合せを好きなだけ食べられるという、いわばイギリス式ビュッフェ。伝統的にパブなどで、週末のランチタイムに行われることが多い。最近では週末以外の日にも行ったり、前菜やデザートを加えた2~3コースのカーヴァリーを提供する店も出てきている。

●ローストビーフとフィッシュ&チップス

- 大麦酢 **malt vinegar** モゥト ヴィネガー
- 茹で野菜 **boiled vegetables** ボイゥド ヴェジタブゥズ
- ヨークシャー・プディング **Yorkshire pudding** ヨークシャー プディング
- ロースト・ビーフ **roast beef** ゥロウスト ビーフ
- ケチャップ **tomato ketchup** トマト ケチャップ
- 塩 **salt** ソゥト
- 白身魚 **whitefish** ワイトフィッシュ
- グレービーソース **gravy** グゥレイヴィ
- フィッシュ&チップス **fish & chips** フィッシュアン チップス
- フライドポテト **chips** チップス
- レモン **lemon** レモン
- コールスロー **coleslaw** コーゥスロー

- ハム・オンザ・ボーン **ham on the bone** ハーム オン ザ ボーン
骨付きのハムを厚めにスライスし、こってりソースでいただく。付合せの野菜とともにどうぞ。

- コーニッシュ・パスティ **Cornish pasty** コーァニッシュ パスティ
味よく煮た肉、タマネギなどをパイで包んだイギリス南西の伝統料理。テイクアウェイして気軽に食べられる。

- スープ **soup** スゥプ
- パン **bread** ブゥレッド

使える! ワードバンク 付合せ編

グリーンピース	peas	ピーズ
ニンジン	carrot	カロット
ブロッコリー	broccoli	ブゥロッコリ
マッシュポテト	mashed potatoes	マッシュト ポテイトゥズ
タルタルソース	tartar sauce	タータ ソース
サラダ	salad	サラッド
ライス	rice	ゥライス
西洋ワサビ	horseradish	ホースゥラディッシュ

★イギリスではケチャップと言っても通じないことが。そんなときはトマトソースと言おう

モダン・ブリティッシュ、地方料理

Modern British/Regional food
モダン ブゥリティッシュ／ゥリージョナゥ フード

> 素敵なディナーでした。ありがとう
> *It was a lovely dinner. Thank you.*
> イッワズ ア ラヴリィ ディナー サンキュー

> こんな味は初めてです！
> *I've never had a dish that tastes like this!*
> アイヴ ネヴァ ハッド ア ディッシュ ザット テイスツ ライク ディス

●イングリッシュ・ブレックファスト

- 焼きトマト **fried tomato** フゥライド トマート
- マッシュルーム炒め **fried mushroom** フゥライド マッシュゥルーム
- 煮豆 **baked beans** ベイクド ビーンズ
- 卵料理 **egg** エッグ
- トースト（黒パン）**brown toast** ブゥラウン トゥスト
- トースト（白パン）**white toast** ゥワイト トゥスト
- ソーセージ **sausage** ソーシッジ
- ベーコン **bacon** ベィコン

モダン・ブリティッシュ

Modern British モダン ブゥリティッシュ

伝統料理にフレンチ、イタリアン、エスニックなどの味を合わせたイギリス最先端の料理。シェフオリジナルが多い

メカジキのグリル
grilled swordfish
グゥリゥド スゥオードフィッシュ

メカジキの切り身を豪快にグリル。脂ののったメカジキは噛むほどに旨味が口中に広がる。

鴨のローストとハム
roast duck & ham
ゥロウスト ダック アンド ハム

クリスピーな鴨肉とハムがグリーンサラダの上に。コース料理のスターターとしても人気。

車エビのマリネ
marinated prawns
マゥリネイテッド プゥローンズ

しっかりと身の詰まった車エビと、見た目も美しいさまざまな野菜のコンビネーション。

魚介類のサラダ
seafood salad
スィーフード サラッダ

近海で獲れた新鮮な魚介を使い、味付けも見た目も繊細に表現されたなサラダ。

★イングリッシュ・ブレックファストには"black pudding"（ブラックプディング）という麦＋豚の血のソーセージが付くこともある

ウェールズ
Wales ウェーゥズ

地元原産のウェルシュ・ラム、ウェルシュチーズ、リーク（西洋ネギ）、などを料理に取り込んでいることが多く、素材の味が生きた素朴な味

アングルシー・エッグ
Anglesey eggs
アングゥシィ　エッグズ

マッシュポテトにバターとリーク、ウェルシュチーズ、玉子を加えオーブンで焼いたもの。温かな家庭料理。

グラモーガン・ソーセージ
Glamorgan sausage
グラモーガン　ソシッジ

肉は入っておらず、細かく刻んだ豊富な野菜、パン粉、ウェルシュチーズなどが入ったソーセージ。

ローストラムのポテト添え
roast lamb with potato
ゥロウスト　ラム　ウィズ　ポテイトウ

イギリス全土でラムは食べられるが、ウェールズのラム肉料理は柔らかく深い味わい。

バラ・ブリス
bara brith
バゥラ　ブゥリス

パウンド生地にドライフルーツが入ったアフタヌーンティー定番のフルーツケーキ。甘さは控えめ。

スコットランド
Scotland スコットランド

地元産の食材を使った郷土料理が定着している。魚ならやはりサーモンを試したい。野菜、肉類ともに素材の味を生かしたシンプルな味が多い

ハギス
haggis
ハギス

羊腸の中に羊の内臓、羊肉、野菜、オーツ麦を詰めてゆでたシンプル料理。パブでは定番の味だ。

スコティッシュ・サーモン
Scottish salmon
スコティッシュ　サモン

ウイスキーの故郷、スペイ川流域などで水揚げされる鮭。特に燻製にしたスモークサーモンが人気。

スコッチ・エッグ
Scotch egg
スコッチ　エッグ

固ゆで卵をひき肉で包み、衣を付けて揚げたもの。ソースをかけたり、サラダと一緒に。

ショートブレッド
shortbread
ショートブゥレッド

ブレッドというには固めのビスケット菓子。バターをたっぷり使った濃厚な味わいでさくっとした食感。

ひとくちコラム
ゲーム料理って？
game（ゲーム）＝狩り、つまり狩猟で得た肉を使った料理のこと（フランス料理ならジビエ料理）。狩猟シーズンとの関係で秋から冬の味覚とされる。ウサギやシカ、ハトやキジといった野鳥など本来は野生動物を用いるが、現在は飼育されたものや半野生のものも含まれている。

使える！ワードバンク　卵料理編

目玉焼き	**fried eggs**	フゥライド　エッグズ
スクランブル・エッグ	**scrambled eggs**	スクゥランブゥド　エッグズ
ゆで卵	**boiled eggs**	ボイゥド　エッグズ
ポーチド・エッグ	**poached eggs**	ポウチト　エッグズ

そのほかの国の料理
Dishes from the world
ディッシュィズ フゥロム ザ ワーゥルド

これはどんな料理ですか？
What sort of dish is this?
ワット ソート オヴ ディッシュ イズ ディス

あなたの国ではよくある料理なんですか？
Is this a popular dish in your country?
イズ ディス ア ポピュラー ディッシュ イン ヨァ カゥントゥリィ♪

中国、インド
Chinese, Indian チャイニーズ インディアン

各国からの移住者が多く住んでいるので、イギリスでは本場並みの中国、インド料理が食べられる

飲茶 **dim sum** ディム サム
中国料理といえばロンドンのチャイナタウン。飲茶は人気メニューで昼時には行列も普通。

北京ダック **peking duck** ペキン ダック
店先に吊るされた姿からは想像できないおいしさ。クレープ巻きで食べるのが一般的。

炒飯 **fried rice** フゥライド ゥライス
日本でいう炒飯を食べたいなら野菜入りを選ぼう。粘りのないパラッとしたご飯が特長。

ラーメン **noodle soup** ヌードゥ スープ
麺、汁、具ともに日本で想像するラーメンとは異なり中国風。種類もバラエティ豊富だ。

タンドリーチキン **tandoori chicken** タンドゥーゥリ チキン
インドはイギリスの植民地だったこともありインド料理店は数多い。壷窯で焼いた鶏肉は定番料理。

サモサ **samosa** サモゥサ
スパイシーに味付けされたジャガイモやグリーンピースなどをラップで包み揚げたサイドメニュー。

焼きそば **chow mein** チャウ メイン
日本人には親しみのある定番メニュー。ほとんどがクセのない味なのでメインの料理に加えても。

カレー **curry** カゥリィ
鶏肉、羊肉、海老、ホウレン草入りが定番。スパイスとともに煮込み、ライスやナンとともに食べる。

★イギリス各地には中国・インド料理のテイクアウト専門店がたくさんある。また普通のレストランでも、たいてい料理のテイクアウトが可能だ

あまり辛くしないでください	辛くしてください
Can you make it mild?	**Can you make it hot?**
キャニュ メイク イッ マイウド♪	キャニュ メイク イッ ハット♪

この料理をシェアしたいのですが	取り皿をもらえますか？
We'd like to share this dish.	**Could we have small plates?**
ウィド ライク トゥ シェア ディス ディッシュ	クッド ウィ ハヴ スモーゥ プレイツ

そのほかの国の料理
other countries アザー カウントゥリーズ

イタリア、タイ、スペイン料理のレストランも多い。ロンドンなどでは日本と同じ感覚で外食ができる

ピザ pizza
ピッツァ

物価高のイギリスでは手軽に食べられるメニューのひとつ。ペパロニ、シーフードなど具材も豊富。

パスタ pasta
パースタ

ミートソース、トマト、クリーム系などバラエティ豊か。イタリアンの店は多いのでランチにもいい。

タイカレー Thai curry
タイ カウリィ

タイ料理の代表メニュー。なかでも人気があるのはココナッツミルクの入ったグリーンカレー。

パッタイ pad Thai
パッタイ

タイ風やきそば。具は卵、エビ、モヤシ、鶏肉、豆腐、パクチーなどで、味つけはナンプラー。

パエリア paella
パエジャ

スペインを代表するお米料理。チキンや魚介類、野菜をお米と一緒にサフランで炊き上げたもの。

タパス tapas
タパス

おつまみ感覚で楽しめるスペインの小皿料理。一皿が少量なのでいろいろ頼んでビールやワインと。

ひとくちコラム
イギリスの外食事情
イギリスの食事がまずいと言われたのはもう昔の話。最近ではモダンブリティッシュを中心に、おいしくて洗練された料理を出す店が増えている。安くてうまいものを食べたいなら、中国、インドや中東料理がおすすめる。ただイタリアと最近人気の日本料理はうまい店が少ない。

使える！ワードバンク 各国料理編

イタリア料理	**Italian food**	イターリアン フード
フランス料理	**French food**	フゥレンチ フード
スペイン料理	**Spanish food**	スパニッシュ フード
ギリシア料理	**Greek food**	グゥリーク フード
タイ料理	**Thai food**	タイ フード
韓国料理	**Korean food**	コゥリアン フード
日本料理	**Japanese food**	ジャーパニーズ フード

★「テイクアウト」はイギリス英語でtakeaway（テイクアウェイ）。Can I take away some food?「テイクアウトできますか？」と聞いてみよう

デザート、菓子、飲み物

Desserts/Sweets/Beverages
ディザーツ スウィーツ ベヴァリッジズ

デザートには何がありますか？
What do you have for dessert?
ワット ドゥ ユー ハヴ フォ ディザート

お菓子を買って帰りたいのですが
I'd like to buy some sweets.
アイド ライク トゥ バイ サム スウィーツ

デザート、菓子、スナック
dessert/sweets/snacks ディザート スウィーツ スナックス

イギリスには日本人好みの素朴な伝統的スイーツがたくさんある。いろいろな種類があるので、見かけたらぜひ試してみよう

シェリー・トライフル
sherry trifle
シェゥリィ トゥライフゥ

スポンジケーキ、フルーツ、シェリー酒、カスタード、生クリーム、ナッツを重ねたスイーツ。

スポテッド・ディック
spotted dick
スポティッド ディック

ブラックカラントを入れて練った生地を蒸して作る伝統のプディング。

アップル・クランブル
apple crumble
アポゥ クゥランブゥ

リンゴとベリー類をジャム状にし、甘いパン粉状のものをのせて焼いたもの。

ベイクウェル・タルト
Bakewell tart
ベイクウェゥ タート

イングランド中部のベイクウェルで生まれたスイーツ。アーモンド風味のベース。

デイリー・ミルク★
Dairy Milk
デイゥリィ ミゥク

1854年から王室御用達のチョコレート会社、キャドバリー社の主力商品。

フレーク99★
Flake 99
フレイク ナインティーナイン

バニラ味のソフトクリームに添えて食べるのが定番。フレークチョコ。

モルティーザーズ
Maltesers
モゥティーザーズ

キャラメルスナックにミルクチョコレートをコーティングした人気の菓子。

ウォーカーズ・クリスプス
Walkers crisps
ウォーカーズ クゥリスプス

何種類ものポテトチップスがあるが定番はコレ。パブでもおなじみ。

カーズ・クラッカー★
Carr's Crackers
カーズ クゥラッカーズ

1831年にカーライルで創業したベーカリーが作ったクラッカー。家庭の食卓では定番。

ダッチー・オリジナルズ
Duchy Originals
ダッチィ オゥリジナゥズ

1992年にチャールズ皇太子が創設したダッチー・オリジナルズ社の天然素材の菓子。

ひとくちコラム
王室御用達とは？
エリザベス女王などイギリス王室の最高位につく4人のいずれかに、品質やサービスを認められたメーカーや小売店には、Royal Warrant「ロイヤル・ワラント（王室御用達認定証）」の栄誉が与えられる。王室御用達の商品や店は、王家の紋章を商品パッケージに印刷したり店頭に掲げたりすることができるが、王室が購入した商品を口外したり、品質が落ちたりするとリストから外される。王室御用達品というと高級ブランドのイメージが強いが、ジャム、シリアル、飲み物、ケチャップ、ソース、マスタード、歯磨き粉といった食品や日用品の中にも御用達品はたくさんある（★印の商品も御用達品）ので、スーパーなどで探しておみやげにするのもいい。

★「ポテトチップス」はイギリス英語ではcrisps（クリスプス）。chipsは「ポテトフライ」のこと

飲み物

beverages ベヴァゥリッジズ

紅茶やコーヒーなど慣れ親しんだものもいいが、日本では見かけられないイギリス生まれの飲み物もぜひ試してみよう

コーヒー
coffee
コフィ

ミルク入りはホワイト、ミルクなしはブラックと注文しよう。紅茶の場合も同様。

アイスティー
iced tea
アイスト ティー

ペットボトルや缶入りなどでも売られている。ネスレやリプトンが定番。

レモネード
lemonade
レモネイド

7UPやスプライトなど、一般的には透明のサイダーのことをいう。

炭酸入りミネラルウォーター
sparkling water
スパークリング ウォータ

ガス入りのさっぱりとした水。注文時は「sparkling」だけでもたいてい通じる。

炭酸なしミネラルウォーター
still water
スティゥ ウォータ

イングランドの水は硬水、スコットランドは軟水が多い。通常「still」で通じる。

水（水道水）
tap water
タップ ウォータ

イギリスの水道水は飲料に適しているが、日本よりは硬水。体質に合わなければミネラル水を。

シュウェップス★
Schweppes
シュウェップス

トニック・ウォーターなどが有名。炭酸水の発明者シュウェップが創業。

ジェイ・ツー・オー★
J2O
ジェイ トゥー オウ

パブなどでもよく見かけられる50％果汁の定番フルーツドリンク。

ルコゼード
Lucozade
ルーコゼイド

疲労回復の効果があるというブドウ糖入りの炭酸ドリンク。旅疲れを感じたら。

ライビーナ
Ribena
ゥライビーナ

ブラックカラント味の定番ジュース。ビタミンCが豊富で甘さも適度。炭酸なし。

タンゴ・オレンジ
Tango Orange
タンゴ オゥレンジ

スーパーなどでもよく見かけられる炭酸入りオレンジジュース。違う味もある。

アイアン・ブリュー
Irn-Bru
アイアン ブリュー

こちらも炭酸入りのさっぱりオレンジジュース。スコットランド産だ。

オーシャン・スプレー
Ocean Spray
オゥシャン スプゥレイ

家庭で日常的によく飲まれているフルーツドリンク。種類も豊富。炭酸なし。

ひとくちコラム
コーヒーショップ事情
紅茶の国といわれるイギリスだが、最近はチェーン店方式のコーヒーショップもたくさんある。主なところではプレタマンジェ Prêt à Manger、アロマ Aroma、コーヒー・リパブリック Coffee Republicなど。日本との違いはテイクアウェイとイートインでは料金が違う場合もあること。

使える！ワードバンク 〔ドリンク編〕

日本語	英語	読み
コーラ	Coke/Pepsi	コゥク／ペプスィ
ジンジャー・エール	Ginger ale	ジンジャ エール
ビターレモン	bitter lemon	ビター レモン
オレンジジュース	orange juice	オゥレンジ ジュース
アップルジュース	apple juice	アポゥ ジュース
ココア	cocoa	コゥコゥ
牛乳	milk	ミゥク

★アルコール類はP44「パブへ行こう」、紅茶は、P68「アフタヌーンティーを楽しもう！」を参照しよう

パブへ行こう

Let's go to a pub!
レッツ ゴゥ トゥ ア パブ

○○を1パイントください
A pint of ○○, please.
ア パイント オヴ ○○ プリーズ

ソフトドリンクは何がありますか？
What kind of soft drinks have you got?
ワット カインド オヴ ソフト ドゥリンクス ハヴ ユー ゴット

ビールの種類

beers ビァーズ

パブで飲み物といったらビール。でもイギリスのパブで「ビールください」と言ったら困惑するはず。種類で注文するスタイルだ。

ビター
bitter
ビタァ

イギリスの主流はエールで、ビターはエールのなかの1種。強い苦味が特徴。

スタウト
stout
スタウト

ギネスに代表されるコクのある黒エール。強いという意味だが度数は低め。

エール
ale
エーゥ

ペール、ブラウン、ダーク、ボーダーなど種類は豊富。総称をエールという。

ラガー
lager
ラーガ

ドイツ式の熟成法で、日本の一般的なビールと同じ種類。のどごし爽やかで飲みやすい。

パイント
pint
パイント

ハーフパイント
half pint
ハーフ パイント

生（の）
draft
ドゥラフト

ボトル入りの
bottled
ボトゥド

シングルモルト（ウィスキー）
single malt (whisky)
スィングゥ モゥト （ウィスキー）

ブレンド（ウィスキー）
blended (whisky)
ブレンディッド （ウィスキー）

水割り
and water
アンド ウォータ

ロック
with ice
ウィズ アイス

ワイン
wine
ワイン

サイダー
cider
サイダー

カクテル
cocktail
コックテイゥ

ひとくちコラム

パブランチ
伝統的なイギリス料理が味わえるのもパブの楽しみのひとつ。大きな店では2階が本格的なレストランとなっている場合も多い。パブといえども昼間から営業しているので、気軽なパブランチなどでも利用価値は大きい。イギリスの国民食ともいえるフィッシュ＆チップス（→P37）や煮込み料理などは絶品を提供しているとして名店もある。料理の味で人気を集める"ガストロ・パブ"も多く、最近はモダンヨーロピアン的なおしゃれなメニューも登場している。

★ビールサーバー（タップ）から直接注いでもらうのはすべて「生」ビール。輸入もののビールは「ボトル入り」も多い

これはおごりです
It's on me.
イッツ オン ミー

ありがとう
Thank you.
サンキュー

もう飲めません
I can't drink any more.
アイ カーント ドゥリンク エニィ モァ

酔っ払いました
I think I'm drunk.
アイ シンク アイム ドゥランク

とてもいい気分です
I feel great!
アイ フィーゥ グゥレイト

お酒に強いですね
You are quite a drinker.
ユー アー クワイト ア ドゥリンカー

- メニュー（看板） **board** ボード
- ビールサーバー **tap** タップ
- スタッフ（男性） **bar man** バー マン
- カウンター **bar counter** バー カウンタ
- スタッフ（女性） **bar maid** バー メイド
- ソファー **sofa** ソファ
- テーブル **table** テーブゥ
- パイントグラス **pint glass** パイント グラス
- ポテトチップス **crisps** クゥリスプス

---

column | オーダーの仕方

パブではドリンクも料理もカウンターの中にいるスタッフに注文し、会計は注文したものと引き換えに、その場で支払う"キャッシュ・オン・デリバリー cash on delivery"方式。ビールはカウンターに並んでいるタップを見て、銘柄を選べばいい。量は1パイントかハーフパイント。イギリスでは多人数で飲む場合、ひとりがグループ全員分のドリンクを買って、飲み終わったら別の人が全員分のドリンクを買いに行く、"ラウンド"と呼ばれる注文法もある。また、パブでは基本的にチップ不要。

★1パイントは約570mlで、ハーフパイントはその半分。生ビール各種とサイダー（リンゴの炭酸酒）はこの2サイズから選んで注文する

調理方法と味付け

Cooking and flavouring
クッキング アンド フレイヴァリング

焼き加減はいかがなさいますか?
How would you like that cooked?
ハウ ウッジュ ライク ダット クックト

○○でお願いします
○○, please.
○○ プリーズ

レア	ミディアム	ウェルダン
rare	**medium**	**well-done**
ゥレア	ミーディアム	ウェゥ ダン

ミディアム レア	炭火焼き	(油で)揚げた
medium rare	**chargrilled**	**deep fried**
ミーディアム ゥレア	チャーグリゥド	ディープ フゥライド

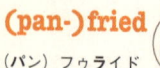

(フライパンで)焼いた	(オーブンで)焼いた	(中火で)ゆでた
(pan-)fried	**baked**	**poached**
(パン)フゥライド	ベイクト	ポゥチト

ゆでた	あぶり焼きにした	蒸した
boiled	**broiled**	**steamed**
ボイゥド	ブゥロイゥド	スティームド

煮込んだ	つぶした	詰め物にした
stewed	**mashed**	**stuffed**
ステュード	マッシュト	スタッフト

生の	冷たくした	凍らせた
raw	**chilled**	**frozen**
ゥロー	チゥド	フロゥズン

溶かした	燻製にした	酢に漬けた
melted	**smoked**	**pickled**
メゥティド	スモゥクト	ピックゥド

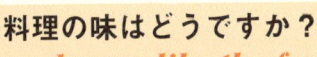

料理の味はどうですか？
How do you like the food?
ハウ ドゥ ユ ライク ダ フード

最高です！
Great!
グレイト

とてもおいしいです
It's delicious!
イッツ ディリシュス

あまり口に合いません
I don't really like it.
アイ ドゥント ゥリアリィ ライク イット

甘い **sweet** スウィート	辛い **spicy** スパイスィ	しょっぱい **salty** ソゥティ
苦い **bitter** ビター	すっぱい **sour** サウアー	硬い **hard** ハード

○○を取ってください
Please pass me the ○○.
プリーズ パス ミー ダ ○○

軟らかい
soft / tender
ソフト テンダー

塩 **salt** ソゥト	砂糖 **sugar** シュガー	コショウ **pepper** ペパー
マヨネーズ **mayonnaise** マヨネイズ	マスタード **mustard** マスタード	ケチャップ **tomato sauce** トマートウ ソース

マーマイト
marmite
マーマイト

使える！ワードバンク 調味料編

大麦酢	**malt vinegar**	モゥト ヴィネガー
バルサミコ酢	**balsamic vinegar**	バゥサミック ヴィネガー
ウスターソース	**Worcester sauce**	ウスタ ソース
シーザードレッシング	**Caesar dressing**	スィーザー ドゥレッシング
イタリア風ドレッシング	**Italian dressing**	イターリアン ドゥレッシング
ブルーチーズドレッシング	**blue cheese dressing**	ブルー チーズ ドゥレッシング

ひとくちコラム
マーマイトとは？
トーストなどに塗る酵母エキスの茶色いペースト。とても塩辛く、日本人には驚きの味だが、ビタミンBが豊富でヘルシーといわれている。

★料理の味がヘンだったら我慢する必要なし。It's too salty.（しょっぱすぎる）、It's not cooked well.（火が通ってない）などと言って作り直してもらおう

食材を選ぼう

Choosing ingredients
チューズィング
イングリーディエンツ

魚介類 seafood
スィーフード

サケ salmon
サモン

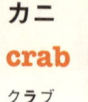

カニ crab
クラブ

カキ oyster
オイスター

ホタテ scallop
スカロップ

エビ prawn
プローン

使える！ワードバンク 〔魚介類編〕

マス	trout	トゥラウト
タラ	cod	コッド
マグロ	tuna	テューナ
ヒラメ	flounder	フラウンダー
舌ビラメ	Dover sole	ドーヴァー ソウゥ
ムール貝	mussels	マスゥズ

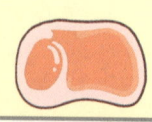

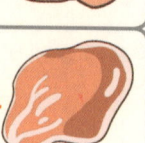

肉 meat
ミート

七面鳥 turkey
ターキィ

羊肉 mutton
マトン

牛肉 beef ビーフ

- 肩ロース **chuck eye roll** チャック アイ ロウル
- リブロース **rib eye roll** ゥリブ アイ ロウル
- サーロイン **sirloin** サーロイン
- 肩 **chuck** チャック
- ランプ **rump** ゥランプ
- レバー **liver** リヴァー
- ヒレ **tenderloin** テンダロイン
- 肩バラ **brisket** ブリスケット
- バラ **plate** プレイト
- 内モモ **top round** トップ ゥラウンド
- 外モモ・スネ **outside round** アウトサイド ゥラウンド

豚肉 pork ポーク

- 肩ロース **pork neck** ポーク ネック
- ロース **loin** ロイン
- ヒレ **tenderloin** テンダーロイン
- 肩肉 **shoulder** ショウゥダー
- バラ **belly** ベリー
- モモ **ham** ハム

鶏肉 chicken チキン

- 手羽 **wing** ウィング
- モツ **giblets** ジブレット
- 胸肉 **breast** ブレスト
- モモ **thigh** サイ
- ササミ **white meat** ワイト ミート
- 卵 **egg** エッグ

★子牛の肉はveal（ヴィーゥ）、子羊の肉はlamb（ラム）と言う

野菜 **vegetables** ヴェジタボゥズ	ニンジン **carrot** キャゥロット	キャベツ **cabbage** キャビッジ
キュウリ **cucumber** キューカンバー	ナス **aubergine** オゥバージーン	ピーマン **green pepper** グゥリーン　ペパ
レタス **lettuce** レタス	キノコ(マッシュルーム) **mushroom** マッシュルーム	タマネギ **onion** オニャン
ジャガイモ **potato** ポテイトウ	カボチャ **pumpkin** パンプキン	カリフラワー **cauliflower** カリフラワー
ホウレンソウ **spinach** スピナッチ	トマト **tomato** トマートウ	ズッキーニ **courgette** クァジェット
果物 **fruit** フルート	リンゴ **apple** アポゥ	オレンジ **orange** オーゥレンジ
ブルーベリー **blueberry** ブルーベリィ	イチゴ **strawberry** ストォロゥベリィ	メロン **melon** メロン
マンゴ **mango** メンゴウ	ブドウ **grape** グゥレイプ	レモン **lemon** レマン
桃 **peach** ピーチ	洋ナシ **pear** ペァ	イチジク **fig** フィッグ

★ "rhubarb" (ルバーブ) は酸味の強い植物。甘く煮込んでパイなどのデザートとして食べる

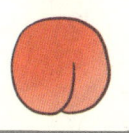

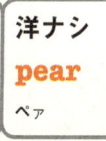

買おう

お店で店員さんが話しかけてきたら、特別愛想よくする必要はないが、まったく無視するのも失礼なので注意しよう。

お客様は…

最近、大きいスーパーマーケットなどではレジにお客さんが行くと笑顔であいさつしてくれるようになりました。

ハロー

サービスの意識が芽生えたか？

しかし、小さい店などでときどき…

あ…取れない

すみません あそこにある あれを取ってください

そこの人に頼めばいいでしょ

その人だったら届くし

あの人はお客さんであなたは店員でしょ

そのひと
↓

結局めんどくさそーに取ってくれましたが、イギリスでは「お客様は神様」とは思わないのがフツー。

愛想のいい店もあります

言葉は変わる？

ブティックなどの店員さんは呼ばなくても飛んで来てくれます

How are you?

このときの「How are you?」に律儀に

I'm fine thank you

And you?

と答えていたら

そんなにちゃんと答えなくていいんだよ

ハローってことなんだから

そ、そーなの？

さっと見てまわりたいときは

I'm just looking
見てるだけ……

と言っておけば、

Cool

と言って、放っておいてくれます

なんでCoolなんだ？

じゃ、これください

と言っても

Cool

「OK」程度に思えばよし？

はじめよう／歩こう／食べよう／買おう／極めよう／伝えよう／日本の紹介

お店を探そう
Let's find a shop!
レッツ ファインド ア ショップ

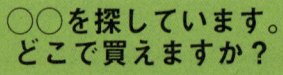

○○を探しています。
どこで買えますか？
I'm looking for a ○○.
Where can I buy one?
アイム ルッキング フォア ○○
ウェア キャナイ バイ ワン

ショッピングセンター	スーパーマーケット	専門店
shopping centre	**supermarket**	**specialist shop**
ショッピング センタ	スーパァマーァケット	スペシャリスト ショップ

この地図で場所を教えてください
Please show me where on this map.
プリーズ ショウ ミー ウェア オン ディス マップ

デパート
department store
ディパートメント ストァ

いらっしゃいませ。何かお探しですか？
Hi. May I help you?
ハーイ メアイ ヘゥプ ユー

見ているだけです
I'm just looking.
アイム ジャスト ルッキング

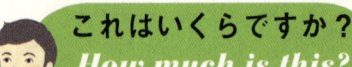

これはいくらですか？
How much is this?
ハウ マッチ イズ ズィス

食料品店	靴店	書店	ドラッグストア
grocers	**shoe shop**	**bookshop**	**chemist's**
グゥロウサーズ	シュー ショップ	ブックショップ	ケミスツ

★いわゆる「デパ地下（＝食料品売場）」のことは "food hall"（フードホール）と言う

これをください
I'd like to buy this.
アイド ライク トゥ バイ ズィス

○○はありますか？
Have you got ○○?
ハヴユー ゴット ○○

このカードは使えますか？
Can I use this card?
キャナイ ユーズ ズィス カァド↗

それにします
I'll take it.
アイゥ テイキット

免税手続きをお願いできますか？
Could you fill out a VAT form for me?
クジュ フィゥ アウト ア ヴィーエイティ フォーム フォ ミー

あれを見せてもらえますか？
Can I have a look at that?
カナイ ハヴァ ルック アット ザット↗

少し考えさせてください
Let me think about it.
レット ミ スィンク アバウト イット

まさにこういうのが欲しかったんです！
This is exactly what I wanted!
ディス イズ イグザークトリィ ワタイ ウォンテッド

ひとくちコラム

イギリスでの免税手続き
日本の消費税同様、イギリスでは食料品や書籍などの一部のものを除くすべての商品に、20%の付加価値税（VAT）が付いている。ただしEU圏外に居住する旅行者の場合、購入月の最終日から3カ月以内にEU諸国外へ持出せば、支払い額の4.2～16.5%が免税となり、手続きをすればEU最終出国時または帰国後に返金してもらえる。対象最小価格は1軒の店で£30が目安。手数料が差し引かれる。

使える！ワードバンク　店の種類編

日本語	英語	カナ
コンビニ	corner shop	コーナー ショップ
家具店	furniture shop	ファニチャア ショップ
家電店	electronics shop	イレクトロニクス ショップ
酒店	off-licence	オフ ライセンス
薬局	pharmacy	ファァマスィィ
郵便局	post office	ポウスト オフィス
銀行	bank	バンク

CDショップ music shop ミュージック ショップ
みやげもの店 gift shop ギフト ショップ
アンティークショップ antique shop アンティーク ショップ
パン店 bakery ベイクリィ

★VATはValue Added Taxの略。「ヴァット」と言っても通じないので要注意

好きな色、柄、素材を探そう

Let's find a favourite colour/pattern/material!
レッツ ファインド ア フェイヴァリット カラー パターン マテリアゥ

○○色のものはありますか？
Do you have this in ○○?
ドゥ ユ ハヴ ディス イン ○○ ♪

はい Sure. ショー

いいえ No. Sorry. ノウ サゥリー

ほかの○○を見せてください
Can I see something in another ○○?
キャナイ スィー サムスィング イン アナダー ○○ ♪

柄（模様) **pattern** パターン

| サイズ **size** サイズ | 色 **colour** カラー | 素材 **material** マテリアゥ | パステルカラー **pastel colour** パステゥ カラー |

| 明るい色 **bright colour** ブゥライト カラー | 暗い色 **dark colour** ダーク カラー | 無地の **plain** プレイン | 水玉模様の **(polka) dotted** ポゥカ ドッティド |

| チェック柄の **checked** チェックド | ストライプの **striped** ストゥライプト | 花柄の **floral patterned** フローゥラゥ パターンド |

赤 **red** ゥレッド
白 **white** ワイト
黄色 **yellow** イェロウ
黒 **black** ブラック
灰色 **gray** グゥレイ
オレンジ **orange** オゥレンジ

緑 **green** グリーン
茶 **brown** ブラウン
青 **blue** ブルー
ピンク **pink** ピンク
紫 **purple** パープゥ
水色 **light blue** ライト ブルー

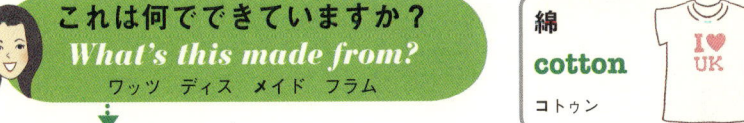

これは何でできていますか？
What's this made from?
ワッツ ディス メイド フラム

デニムです
It's denimn.
イッツ デニム

綿 **cotton** コトゥン

麻 **linen** リネン	ナイロン **nylon** ナイラン

ニット **knit** ニット	ウール **wool** ウゥ	ポリエステル **polyester** ポリエスター

絹 **silk** スィゥク	牛革 **leather** レザー	羊革 **sheepskin** シープスキン

いろいろなタータン
tartan　タータン

町なかの一般的な店などで見るタータンは、昔ながらの伝統的なタータンをもとに新たにデザインされた柄が多い

アイル・オブ・スカイ
Isle of Skye
アイゥ オヴ スカイ

スカイ島を表現。霧の島（The Misty Isle）の意。

ロイヤル・スチュアート
Royal Stewart
ゥロイヤゥ ステュアート

女王陛下個人の柄。家臣はこの柄を身につける。

ホーリールード
Holyrood
ホーリィゥルード

1977年、エリザベス女王在位25周年を祝した柄。

ゴールデン・ホーリールード
Golden Holyrood
ゴーゥデン ホーリィゥルード

2002年、エリザベス女王在位50周年を祝した柄。

マクレニアム
MacLlennium
マクレィニアム

スコットランドのナショナルタータン。2000年記念。

マックギルブリー
MacGillvray
マッギルヴレイ

19世紀ごろデザインされた柄。映画で一躍有名に。★

スチュアート・ドレス・クラン・タータン
Stewart Dress Clan Tartan
ステュアート ドゥレス クラン タータン

マクロード・ドレス・クラン・タータン
MacLeod Dress Clan Tartan
マクラウド ドゥレス クラン タータン

★マックギルブリーは2001年公開の映画『ケミカル51』で、ハリウッド俳優のサミュエルL.ジャクソンがシーン中に着用したキルト

欲しいサイズ、アイテムを伝えよう

Let's find our style!
レッツ ファインド アウァァ スタイゥ

試着してみていいですか？
Can I try this on?
カナイ トゥライ ディス オン♪

はい。どうぞこちらへ
Sure thing. Right this way.
シュア スィング ゥライト ディス ウェイ

大きすぎます
It's too big.
イッツ トゥー ビッグ

ピッタリです
It fits perfectly.
イット フィッツ パーァフェクトリィ

もっと小さいのはありませんか？
Do you have anything smaller?
ドゥ ユ ハヴ エニスィング スモーラァ♪

長い	短い	ゆるい	きつい
longer	**shorter**	**loose**	**tight**
ロンガァ	ショーァタァ	ルース	タィト

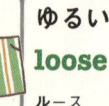

- シャツ **shirt** シュァット
- ベスト **waistcoat** ウェィストコート
- スーツ **suit** スート
- 靴 **shoes** シューズ
- セーター **jumper** ジャンパ
- ジャケット **jacket** ジャケット
- パンツ（ズボン） **trousers** トラゥザーズ
- スニーカー **trainers** トゥレイナーズ

★イギリスのメンズ商品の目安サイズは靴8が日本の27cm、服38〜40が日本のMサイズ

日本語	English	カタカナ
長袖の	long-sleeved	ロングスリーヴド
半袖の	short-sleeved	ショートスリーヴド
ノースリーブ	sleeveless	スリーヴレス
ブレザー	blazer	ブレイザァ
ネクタイ	tie	タイ
マフラー	scarf	スカーァフ
手袋	gloves	グラブズ
帽子	hat	ハット
下着	underwear	アンダァウェアァ
靴下	socks	サックス

使える！ワードバンク 〈スタイル編〉

寸法	measure	メジャァ
襟なしの	collarless	カラレス
丸首	crew neck	クルー ネック
Vネック	v-neck	ヴィーネック
タートルネック	turtleneck	タータトゥネック
リバーシブルの	reversible	リヴァーァスィブゥ
ボタン	button	バトゥン
ファスナー	fastener	ファスナァ
ポケット	pocket	パケット
フード	hood	フッド
ダブルの	double-breasted	ダブゥ ブレスティド
シングルの	single-breasted	スィングゥ ブレスティド

使える！ワードバンク 〈アイテム編〉

ストール	stole	ストウゥ
スカーフ	shawl	ショーゥ
ストッキング	tights	タィツ
(女性用の)小バッグ	purse	プァース
ベルト	belt	ベゥト
財布	wallet	ウォレット
ハンカチ	handkerchief	ハンカァチフ

- ワンピース **dress** ドレス
- ブラウス **blouse** ブラウス
- スカート **skirt** スカーァト
- ローファー **loafers** ロウファァズ
- カーディガン **cardigan** カーァディガン
- ブーツ **boots** ブーツ
- ハイヒール **high heels** ハイ ヒーゥズ

★イギリスのレディス商品の目安サイズは靴5が日本の23.5cm、服10が日本の9号サイズ

化粧品、アクセサリー、日用品を買おう

Cosmetics/Jewellery/
Household goods
コズメティックス　ジュウェゥリー
ハウスホウゥド　グッズ

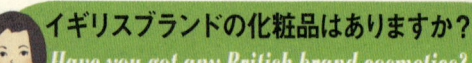

イギリスブランドの化粧品はありますか？
Have you got any British brand cosmetics?
ハヴュー　ゴット　エニィ　ブゥリティッシュ　ブゥランド　コズメティックス

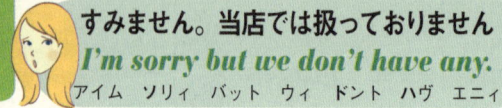

すみません。当店では扱っておりません
I'm sorry but we don't have any.
アイム　ソリィ　バット　ウィ　ドント　ハヴ　エニィ

香水 **perfume** パーァフューム	口紅 **lipstick** リップスティック	リップクリーム **lip balm** リップ　バーム
ファンデーション **foundation** ファウンデイション	アイシャドウ **eye shadow** アイ　シャドウ	マスカラ **mascara** マスカラ
マニキュア **nail varnish** ネイゥ　ヴァーニッシュ	化粧水 **(skin) toner** （スキン）　トーナァ	クレンジング（化粧落とし） **cleanser** クレンザー
除光液 **nail varnish remover** ネイゥ　ヴァーニッシュ　リムーヴァ	傘 **umbrella** アンブゥレラ	折りたたみ傘 **folding umbrella** フォウゥディング　アンブゥレラ
キッチン用品 **kitchen utensils** キッチン　ユテンスゥ	テーブルクロス **tablecloth** テイブゥクロス	グラス **glass** グラース
カップ＆ソーサー **cup and saucer** カップ　アンド　ソーサ	バス用品 **bath products** バス　プロダクツ	タオル **towel** タウォゥ
洗面用具 **toiletries** トイレトゥリーズ	歯ブラシ **toothbrush** トゥースブラッシュ	歯磨き粉 **toothpaste** トゥースペイスト

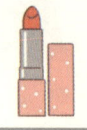

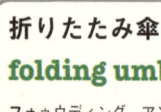

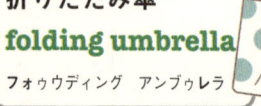

★イギリスらしい安価なスキンケア製品、バス＆洗面用品などを買うなら、全国チェーンのBoots（ブーツ）を探そう

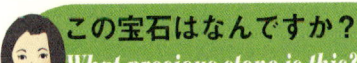

この宝石はなんですか？
What precious stone is this?
ワット プレシャス ストーン イズ ディス

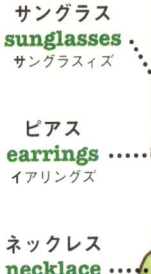

ここにあるのは純銀製ですか？
Are these sterling silver?
アー ディーズ スターリング シゥヴァ♪

- サングラス **sunglasses** サングラスィズ
- ヘアバンド **hairband** ヘァバンド
- 腕時計 **watch** ウォッチ
- ヘアピン **hair grip** ヘァ グゥリップ
- ピアス **earrings** イアリングズ
- ブレスレット **bracelet** ブゥレイスレット
- 指輪 **ring** リング
- ネックレス **necklace** ネックレィス
- ペンダント **pendant** ペンダント
- ブローチ **brooch** ブゥロウチ

切手 **stamps** スタンプス	封筒 **envelopes** エンヴェロウプス	絵ハガキ **postcards** ポウストカーァズ	便せん **note paper** ノウト ペイパ
文房具 **stationery** ステイションリィ	ボールペン **ballpoint** ボーゥポイント	新聞 **newspaper** ニュースペイパ	雑誌 **magazine** マガズィン

使える！ワードバンク（電化製品編）

携帯電話	mobile (phone)	モゥバイゥ（フォン）
ノートパソコン	notebook computer	ノゥトブック カンピュータァ
デジカメ	digital camera	ディジタゥ キャメラ
MP3プレーヤー	MP3 player	エムピースリー プレイァァ
電池	batteries	バテリィズ
フィルム	film	フィゥム
充電器	charger	チャーァジャア
CD／DVD	CD/DVD	スィーディー ディーヴィーディー
携帯テレビ	portable TV	ポーァタブゥ ティーヴィー
ヘッドホン	headphones	ヘッドフォウン
ソフト	software	ソフトウェァ

使える！ワードバンク（宝石編）

ダイヤモンド	diamond	ダイアモンド
ルビー	ruby	ゥルービィ
エメラルド	emerald	エマラゥド
サファイア	sapphire	サーファイア
アメジスト	amethyst	アマスィスト
オパール	opal	オウプゥ
トルコ石	turquoise	ターァクウォイズ
真珠	pearl	パーゥ
ガーネット	garnet	ガァネット
18金	18-carat gold	エイティーン カゥラット ゴーゥド
プラチナ	platinum	プラッティナム

★日本で言う「イヤリング」は、英語ではclip-on earrings（クリップオン・イアリングズ）

スーパーへ行こう

Let's go to the supermarket!
レッツ ゴウ トゥ ザ スーパァマーケット

果物売り場はどこですか？
Where is the fruit section?
ウエアァ イズ ザ フルート セクション

これは何ですか？
What is this?
ワット イズ ズィス

どのくらいもちますか？
How long will this last?
ハウ ロング ウィゥ ズィス ラスト

→ 本日中です
Today only.
トゥデイ オウンリィ

2〜3日です
Two or three days.
トゥー オーァ スリー デイズ

1週間です
One week.
ワン ウィーク

これを○○グラムください
I'll have ○○ grams of this, please.
アイゥ ハヴ ○○ グゥラムズ オヴ ディス プリーズ

→ かしこまりました
No problem.
ノゥ プゥロブレム

| 値段 **price** プゥライス | 合計金額 **total** トートゥ | レシート **receipt** ゥリシート | お釣り **change** チェインジ |

| 量り売り **sell by weight** セゥ バイ ウェイト | セール **sale** セーゥス | 試食品 **sample** サンプゥ | 店員 **shop assistant** ショップ アスィスタント |

紙袋 **paper bag** ペイパァ バッグ

ビニール袋 **plastic bag** プラスティック バッグ

使える！ワードバンク 〈アイテム編〉

買物カゴ	**shopping basket**	ショッピング バスキット
自社ブランド(品)	**own brand**	オゥン ブゥランド
無脂肪の	**non-fat**	ノンファット
低脂肪の	**low-fat**	ロウファット
砂糖不使用の	**sugar-free**	シュガーフゥリィ
塩分なしの	**sodium-free**	ソーディウムフゥリィ
エコバッグ	**reusable shopping bag**	ゥリユーザブゥ ショッピング バッグ
付加価値税	**VAT**	ヴィーエイティ

★最近ではイギリスのスーパーでも、ビニール袋を有料にするところが増えてきている

この通路のつきあたりにあります
It's at the end of this aisle.
イッツ アッディ エンド オヴ ディス アイゥ

通路Aにあります
It's in aisle A.
イッツ イン アイゥ エィ

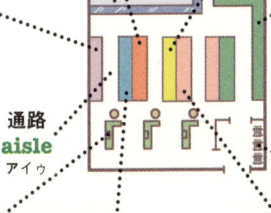

惣菜
deli
デリ

調味料
seasonings
スィーズニングズ

スナック菓子
snacks
スナックス

冷凍食品
frozen foods
フロウズン フーズ

生鮮食品
fresh foods
フゥレッシュ フーズ

通路
aisle
アイゥ

レジ
till
ティゥ

乳製品
dairy products
デイリィ プラダクツ

缶詰
canned foods
キャンド フーズ

カート
shopping trolley
ショッピング トゥローリィ

ひとくちコラム
階数表記について
日本語でいう建物の1階はground floor(グラウンド・フロア)、2階はfirst floor(ファースト・フロア)というのがイギリス式。同様に3階=second floor(セカンド・フロア)、4階=third floor(サード・フロア)と数字が1つずつずれていくので、間違えないように注意しよう。

使える！ワードバンク　デパート&スーパー編

ハロッズ	Harrods	ハゥロッズ
リバティ	Liberty	リバティ
フォートナム&メイソン	Fortnum & Mason	フォートナム アンド メイソン
セルフリッジ	Selfridges	セゥフリッジズ
マークス&スペンサー	Marks & Spencer	マークス アンド スペンサ
テスコ	Tesco	テースコ
セインズベリー	Sainsbury's	セインズベゥリーズ
ウェイトローズ	Waitrose	ウェイトゥローズ

★トラベラーズチェックで買い物ができる店はあまりない。一方クレジットカードは、数ポンドの少額でもOKという店が多い

イギリスみやげを買おう

Let's buy something British!
レッツ バイ サムスィング ブゥリティッシュ

イギリスらしいみやげを探しています
I'm looking for something British.
アイム ルッキング フォ サムスィング ブゥリティッシュ

これはいかがですか？
How about these?
ハウァバウト ディーズ

どこで作られたものですか？
Where are they from?
ウェア アー ゼイ フゥロム

ヨークです
They're from York.
ゼィア フゥロム ヨーク

別々に買えますか？
Can I buy these separately?
カナイ バイ ディーズ セペゥレットリィ

手に取ってみてもいいですか？
Can I handle this?
カナイ ハンドゥ ディス

● イギリスの陶磁器

ウォーターフォード・ウェッジウッド
Waterford Wedgwood
ウォータァフォード ウェッジウッド

「ジャスパー・ウエア」で名を馳せるイギリスを代表する超有名陶器メーカー。

エインズレー
Aynsley
エィンズリィ

オリエンタルな雰囲気が魅力の「ペンブロック」シリーズが代表作。

スポード
Spode
スポゥド

ボーン・チャイナを最初に製品化した老舗。鮮やかなブルーのプリントが特徴。

ミントン
Minton
ミントゥン

ハドンホール城の壁画をヒントにした「ハドンホール」シリーズで世界にその名を知られている。

ロイヤル・ウースター
Royal Worcester
ゥロイヨウ ウスタ

イギリス最古の歴史を誇る名窯。代表作は「ペインテッド・フルーツ」。

ロイヤル・アルバート
Royal Albert
ゥロイヨウ アゥバート

ボーン・チャイナを最初に製品化した老舗。鮮やかなブルーのプリントが特徴。

ロイヤル・ドルトン
Royal Doulton
ゥロイヨウ ドゥトン

陶磁器の人形で有名。ウェッジウッドと双璧を成す世界最大級の陶磁器メーカー。

日本まで送ってもらえますか？
Could you ship them to Japan for me?
クジュ シップ ゼム トゥ ジャパン フォ ミー♪

船便で約1カ月かかります
It takes about one month by sea.
イッ テイクス アバウト ワン マンス バイ スィー

航空便にしてほしいのですが
Then I'll send it by air.
ゼン アイゥ センド イット バイ エァ

送料がかかります
We'll have to charge you a shipping fee.
ウィゥ ハフ トゥ チャージ ユー ア シッピング フィ

梱包する	機内持ち込みする	贈り物
pack	**carry on board**	**gift**
パック	キャリィ オン ボード	ギフト

●イギリスブランドのみやげ

ハロッズ
Harrods
ハゥロッズ

ハロッズベア
Harrods bear
ハゥロッズ ベァ

ビニールバッグ
vinyl bag
ヴァイナゥ バッグ

フォートナム＆メイソン
Fortnum&Mason
フォートナム アンド メイソン

ビスケット
biscuit
ビスキット

プレスタット・リミテッド
Prestat Limited
プゥレスタット リミテッド

チョコレート
chocolate
チョッコレット

ウォーカーズ
Walkers
ウォーカーズ

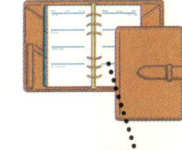

ショートブレッド
shortbread
ショートブレッド

スマイソン
Smythson
スマイソン

文房具
stationery
ステイショネゥリィ

ニールズヤード・レメディーズ
Neal's Yard Remedies
ニーゥズ ヤード ゥレメディーズ

自然派コスメ
natural cosmetics
ナチュゥラゥ カズメティックス

🫖 ひとくちコラム
イギリスのみやげ
代表的な名産品は紅茶、陶磁器など。ハロッズなど有名デパートのオリジナルグッズや王室御用達品もイギリスらしいみやげの定番。

極めよう

イギリスを訪れたなら一度は試してみたいアフタヌーン・ティー。ロンドンならブラウンズなどの高級ホテルで。

お茶

イギリス人と仲よくなると

> お茶飲みに来て

となります。

「お茶」というのは午後4時くらい。
ビスケットやケーキが出たり出なかったり。

マグどーんとカップで出る

会話が第一の目的です。

ややこしいのは、階級や地方によって「ティー」が夕食だったりすること。

> 君、ジェイミーんちで「ティー」食べたんでしょ？夕飯はいらないね

> 違うよ！あれは「ティー」だよ

> だから夕飯食べる！

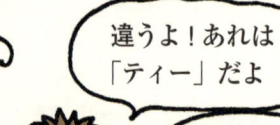

また、クリームティーというのは、紅茶と*クロテッドクリームとジャムを添えたスコーン。

クロテッドクリームは、テヴォンシャーとコーニッシュが有名。

> 濃いです

*乳脂肪を55〜63％くらい含む、濃厚でコクのあるクリーム。

そして、アフタヌーン・ティー！

イギリス人は毎日アフタヌーン・ティーをしてるんでしょ？

と言われて、ぶっとんだことがありますが

「アフタヌーン・ティー」はもともと上流階級のもの。
当時1日2食が普通だったが、夕食までの空腹を紛らわすために
19世紀にベッドフォード公爵夫人が始めたそうです。

腹減った

何かつまむもの持ってきて

アフタヌーンティーをするのは主に観光客とシニア層の方々がメインでしょう。

格式の高いところでは、男性はジャケット着用。

短パンビーサンはだめよ

はじめよう / 歩こう / 食べよう / 買おう / 極めよう / 伝えよう / 日本の紹介

サッカー観戦をしよう

Let's watch a football match!
レッツ ウォッチ ア フッボーゥ マッチ

(パブで)今週末は何戦の放送をやりますか？
What match are you going to show this weekend?
ワット マッチ アー ユー ゴウイング トゥ ショウ ディス ウィークエンド

(スタジアムで)○○戦のチケットはありますか？
Have you got any ○○ match tickets left?
ハヴュー ゴット エニィ ○○ マッチ ティケッツ レフト

アーセナル **Arsenal** アーセナゥ	チェルシー **Chelsea** チェゥスィー	マンチェスター・ユナイテッド **Manchester United** マンチェスター ユナイテッド	リヴァプール **Liverpool** リヴァプーゥ
プレミア・リーグ **Premier League** プゥレミーァ リーグ	ＦＡカップ **the FA Cup** ディ エフエイ カップ	カーリング・カップ **the Carling Cup** ザ カーリング カップ	チャンピオンズ・リーグ **the Champions League** ザ チャンピオンズ リーグ

コーナー・フラッグ **corner flag** コーナー フラッグ

タッチ・ライン **touch line** タッチ ライン

ピッチ **pitch** ピッチ

監督 **manager** マネジャー

ハーフウェイ・ライン **halfway line** ハーフウェイ ライン

審判 **referee** ゥレフェゥリー

ペナルティ・エリア **penalty area** ペナゥティ エゥリア

ゴールキーパー **goalkeeper** ゴウゥキーパー

ゴール **goal** ゴウゥ

ディフェンダー **defender** ディフェンダー

ペナルティ・スポット **penalty spot** ペナゥティ スポット

センター・サークル **centre circle** センター サークゥ

ミッドフィルダー **midfielder** ミッドフィーゥダー

センター・フォワード **centre forward** センター フォーゥワード

66 ★ "soccer"（サッカー）は日本、アメリカ、オーストラリアなどで使う語。イギリスではもちろん "football"（フットボール）！

今日、スタジアムツアーはありますか？
Do you have stadium tours today?
ドゥ ユー ハヴ ステイディアム トゥアーズ トゥデイ

次は10時からです
The next tour starts at ten.
ザ ネクスト トゥアー スターツ アット テン

ありません。ミュージアムは開いています
No, but the museum is open.
ノウ バット ザ ミューズィアム イズ オウプン

すっごいゴールだ！
What a goal!
ワッタ ゴウゥ

まったく！信じられない！
I can't believe it!
アイ カーント ビリーヴ イット

へぼレフリー！
The ref is rubbish!
ザ ゥレフ イズ ゥラビッシュ

そのまま行け〜！
Keep going!
キープ ゴウイング

いいぞ！／しっかりしろよ〜！
Come on!
カモーン

惜しかったなぁ／危なかったなぁ
That was close.
ザット ウォズ クロウス

あなたの大ファンです
I'm a big fan of yours.
アイム ア ビッグ ファン オヴ ヨァーズ

サインをください
Could I have your autograph?
クダイ ハヴ ヨァ オゥトグゥラーフ

ずっと応援してるので、頑張ってください！
I'll support you always. Keep going!
アイゥ サポート ユー オーゥウェイズ キープ ゴウイング

使える！ワードバンク ゲーム用語編

日本語	英語	カナ
フリーキック	free kick	フゥリィ キック
ヘディング	header	ヘッダー
コーナーキック	corner kick	コーナー キック
レッドカード	red card	ゥレッド カード
イエローカード	yellow card	イェロゥ カード
PK	penalty kick	ペナゥティ キック
パス	pass	パス

ひとくちコラム

イギリスといえば…のスポーツその他
まずイギリスはゴルフ発祥の地。昔、スコットランドの羊飼いの少年たちが、棒で小石を地面の穴に入れて遊んだのが始まりといわれ、世界中のゴルフ愛好家が憧れるセント・アンドリューズはあまりに有名。また、6月になると一気に注目を浴びるのがテニス。ウィンブルドンの全英オープンでは世界各国で勝ち抜いてきたプレイヤーたちが熱戦を繰り広げ、期間中は観戦のための旅行者も一気倍増する。そのほか、F1レースなども長期的な人気を誇っている。

★プレミア・リーグの人気チームではスタジアムツアーを実施。ピッチや選手のロッカールームなどを見学できる

アフタヌーンティーを楽しもう！

Let's enjoy afternoon tea!
レッツ エンジョイ アフタヌーン ティー

アフタヌーンティーをお願いします
I'd like to have afternoon tea, please.
アイド ライク トゥ ハヴ アフタヌーン ティー プリーズ

かしこまりました
Certainly.
サートゥンリィ

申し訳ありませんが、アフタヌーンティーは15時から18時の間です
I'm sorry but we serve afternoon tea from three to six.
アイム ソゥリィ バット ウィ サゥーヴ アフタヌーン ティー フゥロム スゥリィ トゥ スィックス

クリームティーはありますか？
Have you got cream tea?
ハヴュー ゴット クゥリーム ティー

ございます
Yes, we have.
イェス ウィ ハヴ

アフタヌーンティー
afternoon tea　アフタヌーン ティー

イギリスの伝統的な文化のひとつ、アフタヌーンティー。一流ホテルやティールームで楽しめる。優雅な午後を体験しよう。

スイーツ
sweets
スウィーツ

ケーキ類やタルトなど。種類は店によって異なるのでメニューをチェック。

スコーン
scone
スコーン

パンとビスケットの中間のような焼菓子。半分に割ってジャムなどをつける。

サンドイッチ
sandwich
サンドウィッチ

フィンガーサンドイッチが本式。具はキュウリ、クリームチーズなど。

クロテッドクリーム
clotted cream
クロテッド クゥリーム

スコーンに合う濃縮した生クリーム。デヴォンシャークリームともいう。

ジャム
jam
ジャム

スコーン用に添えられる。ストロベリー、ラズベリー、ブルーベリーなど。

ティーポット
teapot
ティーポット

だいたい2杯分の熱い紅茶が入っている。基本的にお代わりは自由。

ポット
pot
ポット

紅茶を薄めるためのお湯が入っている。直接ティーポットに注ぐ。

ひとくちコラム
クリームティー
クリーム入り紅茶のことではなく、スコーンと紅茶がセットになったメニューのこと。アフタヌーンティーは食事代わりにもなるほどのボリュームなので、お茶のスイーツとしてスコーンを食べたい時などにおすすめ。たっぷりのクロテッドクリームとジャムが付き、紅茶はポットサービス。

★近年のイギリスでは、シャンパン付きのアフタヌーン・ティーが流行中

●3段トレイの例

- シュガーポット / sugar pot / シュガァ ポット
- 茶こし / tea-strainer / ティーストゥレイナー
- ミルク / milk / ミゥク
- ペストリー / pastry / ペイストゥリィ
- ケーキ / cake / ケイク
- 3段トレイ / three-tiered tray / スゥリィ ティアード トゥレイ
- 紅茶 / tea / ティー
- タルト / tart / タート
- クッキー / biscuit / ビスキット
- スコーン / scone / スコーン
- 受け皿 / saucer / ソーサ
- ティーカップ / teacup / ティーカップ
- クロテッドクリーム / clotted cream / クロテッド クゥリーム
- ジャム / jam / ジャム
- サンドイッチ / sandwich / サンドウィッチ

紅茶の種類

tea leaves ティー リーヴス

紅茶は大別すればダージリンなどのインド茶、セイロン茶、中国茶の3種類。そのほかアールグレイなどのブレンドティーがある。

セイロン・オレンジペコ
Ceylon Orange Pekoe
スィラン オゥレンジ ピーコウ
スリランカ産のライトティー。オレンジペコとは大葉という意味。

イングリッシュ・ブレックファスト
English Breakfast
イングリッシュ ブゥレックファスト
その名のとおり朝食時に飲むブレンドされたストロングティー。

アール・グレイ
Earl Grey
アーゥ グゥレイ
インド産と中国産の茶葉をブレンドし、ベルガモットを加えている。

ダージリン
Darjeeling
ダージーリング
ヒマラヤのふもとダージリン地方で栽培されるライトティー。

アッサム
Assam
アサム
アッサム地方で栽培されるストロングティー。ミルクティーに最適。

キーマン
Keemun
キーマン
中国安徽省祁門で栽培されるライトティー。ランの花のような香り。

ひとくちコラム
アフタヌーンティーの作法ってあるの？ 服装を含め特に堅苦しい作法はなし。強いて言うなら3段トレイの食べる順で、下の段から食べていくのが一般的。ミルクティーにする場合、カップに先に注ぐのは紅茶でもミルクでもどちらでもOK。

使える！ワードバンク 〈紅茶ブランド編〉

日本語	英語	カナ
フォートナム＆メイソン	Fortnum & Mason	フォートナム アンド メイソン
トワイニングス	Twinings	トゥワイニングス
ウィッタード	Whittard	ウィタード
ハロッズ	Harrods	ハゥロッズ

★スーパーで売っている安い紅茶ブランドでは、PG Tips（ピージー・ティップス）、Yorkshire Tea（ヨークシャー・ティー）などがおすすめ

ミュージカル、音楽を楽しもう

Let's enjoy a musical and music!
レッツ エンジョイ ア ミューズィカゥ アンド ミュズィック

今、どんなミュージカルが人気ですか？
What musicals are popular now?
ワット ミューズィカゥズ アー ポピュラー ナウ

当日券はありますか？
Do you still have tickets for today's show?
ドゥ ユー スティゥ ハヴ ティケッツ フォ トゥデイズ ショウ↑

はい、あります
Yes, we do.
イェス ウィ ドゥ

席はどのへんですか？
Where are the seats?
ウェア アー ザ スィーツ

天井 **ceiling** スィーリング

バルコニー(4階席) **Balcony** バゥコニー

案内係 **steward** スチュアード

ボックス席 **Box seat** ボックス スィート

観客 **audience** オーディエンス

俳優 **actor** アクター

ステージ **stage** ステイジ

オーケストラ **orchestra** オーケストゥラ

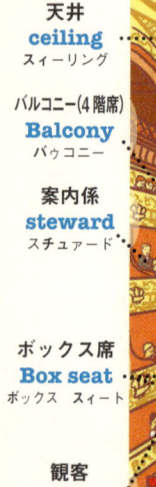

ストールズ(1階席) **Stalls** ストーゥズ

ドレス・サークル(2階席) **Dress Circle** ドゥレス サークゥ

アッパー・サークル(3階席) **Upper Circle** アパー サークゥ

| ウエストエンド **West End** ウェスト エンド | チケット売り場 **box office** ボックス オフィス | 座席表 **seating plan** スィーティング プラン | 前売り券 **advance ticket** アドヴァンス ティケット |

| 劇場 **theatre** シアタァ | 昼の部 **matinee** マティネイ | 使える！ワードバンク 鑑賞編 |

オペラ **opera** オプゥラ
バレエ **ballet** バレイ
芝居 **play** プレイ

★ウエストエンドとは、ニューヨークのブロードウェイと並び称されるロンドンの劇場街のこと

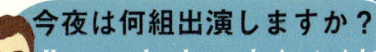

今夜は何組出演しますか？
How many bands are playing tonight?
ハウ メニィ バンズ アー プレイング トゥナイト

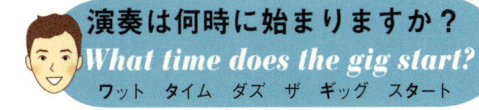

3つのバンドが出ます
We have three bands playing tonight.
ウィ ハヴ スリィ バンズ プレイング トゥナイト

演奏は何時に始まりますか？
What time does the gig start?
ワット タイム ダズ ザ ギッグ スタート

20時くらいです
Around eight o'clock.
アゥラウンド エイト オクロック

○○が大好きです
I love ○○.
アイ ラヴ ○○

ザ・ビートルズ
The Beatles
ザ ビートゥズ

エリック・クラプトン
Eric Clapton
エゥリック クラプトン

エルトン・ジョン
Elton John
エゥトゥン ジョン

ザ・ローリング・ストーンズ
The Rolling Stones
ザ ゥローリング ストーンズ

スティング
Sting
スティング

ポール・ウェラー
Paul Weller
ポーゥ ウェラー

コールド・プレイ
Coldplay
コーゥドプレイ

レディオ・ヘッド
Radiohead
ゥレディオヘッド

クィーン
Queen
クウィーン

オアシス
Oasis
オエイスィス

デヴィッド・ボウイ
David Bowie
デイヴィッド ボウィ

視聴できますか？
Can I listen to this?
カナイ リスン トゥ ディス↑

○○のCDを探しています
I'm looking for ○○'s CDs.
アイム ルッキング フォ ○○ズ スィーディーズ

使える！ワードバンク ミュージック編

日本語	英語	カナ
会場	venue	ヴェニュー
『タイム・アウト』	Time Out	タイム アウト
ロック	rock	ゥロック
ハードロック	hard rock	ハード ゥロック
ヘヴィメタル	heavy metal	ヘヴィ メタゥ
ジャズ	jazz	ジャーズ
クラシック	classical	クラスィクゥ

★『タイム・アウト』はエンターテインメントをはじめあらゆる街の情報が載っているロンドンの週刊誌

映画を観よう

Let's go to the cinema!
レッツ ゴウ トゥ ザ スィネマ

どんな映画が好きですか？
What sort of films do you like?
ワット ソート オヴ フィゥムズ ドゥ ユー ライク

サスペンス映画が好きです
I like suspense films.
アイ ライク サスペンス フィゥムズ

イギリス映画	ハリウッド映画	日本映画
British film	**Hollywood film**	**Japanese film**
ブゥリティッシュ フィゥム	ハリウッド フィゥム	ジャーパニーズ フィゥム

アクション	コメディ	ＳＦ
action	**comedy**	**science fiction**
アクション	コメディ	サイエンス フィクション

ラブ・ロマンス	ドキュメント	アニメ
romantic	**documentary**	**animation**
ゥロマンティック	ドキュメンタゥリィ	アニメイション

映画を観たいのですが、何がおすすめですか？
I'd like to see a film. What would you recommend?
アイド ライク トゥ スィー ア フィゥム ワット ウジュ ゥレコメンド

大人２枚、子供１枚ください
Two adults and one child, please.
トゥー アダゥツ アンド ワン チャイゥド プリーズ

次の上映時間は何時ですか？
What time is the next screening?
ワッタイム イズ ザ ネクスト スクゥリーニング

初回上映	最終上映
first screening	**last screening**
ファースト スクゥリーニング	ラスト スクゥリーニング

ひとくちコラム

ロンドンが舞台の映画

ロンドンを舞台にしたヒット映画も多く、世界的な大ベストセラーで映画も空前の大ヒットとなった『ハリー・ポッター』シリーズを筆頭に、30代独身女性を主人公にしたヒットシリーズ『ブリジット・ジョーンズの日記』や、ノッティング・ヒルの地名を広めた『ノッティング・ヒルの恋人』など、特に若い女性の人気を集めた作品が数多く撮影されている。舞台となった駅や書店などを実際に訪ねて、自分の目で確かめてみるのも楽しい。

好きな俳優は誰ですか？
Who is your favourite actor?
フー イズ ヨァ フェイヴァリット アクタァ

女優
actress
アクトゥレス

ショーン・コネリー
Sean Connery
ショーン コネゥリィ

エマ・トンプソン
Emma Thompson
エマ トンプソン

ジュード・ロウ
Jude Law
ジュード ロー

キーラ・ナイトレイ
Keira Knightley
キーゥラ ナイトリィ

ヘレン・ミレン
Helen Mirren
ヘレン ミゥレン

ヒュー・グラント
Hugh Grant
ヒュー グゥラント

ユアン・マクレガー
Ewan McGregor
ユーアン マッグゥレガー

ダニエル・ラドクリフ
Daniel Radcliffe
ダーニエゥ ゥラドクリフ

ケイト・ウィンスレット
Kate Winslet
ケイト ウィンスレット

コリン・ファース
Colin Firth
コリン ファース

一緒に写真を撮ってもらっていいですか？
Could you please take a photo with me?
クジュ プリーズ テイク ア フォト ウィズ ミー♪

ハグしてくれますか？
Would you give me a hug?
ウジュ ギヴ ミー ア ハグ♪

○○の映画がよかったです
I really liked your film ○○.
アイ ゥリァリィ ライクト ヨァ フィゥム ○○

使える！ワードバンク　イギリス映画編

トレイン・スポッティング
Trainspotting トゥレインスポッティング

ブリジット・ジョーンズの日記
Bridget Jones's Diary ブゥリジット ジョーンズィズ ダイアゥリィ

ハリー・ポッター
Harry Potter ハゥリィ ポター

マイ・フェア・レディ
My Fair Lady マイ フェア レイディ

★ロンドンのウエストエンドの映画館ではワールドプレミアがよく行われ、スターを間近に見るチャンスも！

歴史上の人物を極めよう

Learn about British history!
ラーン アバウト ブゥリティッシュ ヒストゥリィ

あれは誰の像ですか？
Whose statue is that?
フーズ スタテュー イズ ザット

なにで有名な人ですか？
What is he (she) famous for?
ワット イズ ヒー（シー）フェイマス フォ

歴史を語るうえで中心となるのは王室。古くは政治を司り、現在も政治には深い関わりをもつ。国民の間でも常に話題の中心的存在。時代ごとに特徴ある様式や文化を花開かせてきた。

ノルマン朝
the Norman
ザ ノールマン

チューダー朝
the Tudor
ザ テューダー

スチュワート朝
the Stuart
ザ ステュァート

ハノーヴァー朝
the Hanoverian
ザ ハノヴィアゥリアン

ウィリアム1世
William Ⅰ
ウィリアム ザ ファースト

イングランドの初代王。在位1066年～1087年。ノルマンディー公のギョーム2世がイングランドを制服しウィリアム1世として即位、ノルマン朝を開いた。

ヘンリー8世
Henry Ⅷ
ヘンゥリィ ディ エイス

イギリス絶対王政の基礎を固めた。在位1509年～1547年。王権の拡大に努めた王であったが、強引に6人の王妃を次々と娶ったことで語り継がれている。

エリザベス1世
Elizabeth Ⅰ
エリザベス ザ ファースト

大英帝国の基礎を築いた女王。在位1558年～1603年。当時弱小国家であったイングランドの独立を維持し「よき女王ベス」と国民から慕われた。

ビクトリア女王
Queen Victoria
クウィーン ヴィクトーゥリア

在位1837年～1901年。イギリスで最も輝かしい時代をつくりあげた女王。世界の政治・経済の中心となり、その治世はヴィクトリア朝とよばれている。

ウィンストン・チャーチル
Winston Churchill
ウィンストン チャーチゥ

20世紀最大の政治家のひとりといわれる。1940～45年に戦時内閣の首相として第二次世界大戦を勝利に導く。1951年に再び首相となり55年に引退した。

マーガレット・サッチャー
Margaret Thatcher
マーガゥレット サチャー

1979年、西ヨーロッパ初の女性首相として英国首相に就任。保守的で強硬な性質から「鉄の女」の異名をもつ。3選し、任期は1990年までだった。

●イギリス略史

1066年
ヘイスティングスの戦い／
ウィリアム1世即位（〜1087）
the Battle of Hastings
ザ バトゥ オヴ ヘイスティングス
William Ⅰ was crowned.
ウィリアム ザ ファースト ワズ クゥラウンド

1534年
国王至上法／英国国教会成立
the Act of Supremacy
ジ アクト オヴ スープゥレマスィ
The Church of England established
ザ チューチ オヴ イングランド エスタブリッシュト

1558年
エリザベス1世即位
Elizabeth Ⅰ sat on the throne.
エリザベス ザ ファースト サット オン ザ スゥロウン

1588年
スペインの無敵艦隊を破る
The English troops defeated the Spanish Armada.
ジ イングリッシュ トゥルーブス ディフィーテッド
ザ スパニッシュ アルマーダ

1642年
清教徒革命開始
The English Civil War began.
ジ イングリッシュ スィヴィゥ ウォー
ビギャン

1765年
産業革命進行
The Industrial Revolution broke out.
ジ インダストゥリアゥ ゥレヴォリューション ブロウク アウト

1837年
ビクトリア女王即位（〜1901年）
Queen Victoria came to the throne.
クウィーン ヴィクトゥーゥリア ケイム トゥ
ザ スゥロウン

1952年
エリザベス2世即位
Queen Elizabeth Ⅱ succeeded to the throne.
クウィーン エリザベス ザ セカンド
サクスィーディッド トゥ ザ スゥロウン

---

column｜現在のイギリス王室

現女王は60年に渡って女王の座にあり、「国民に親しまれる王室」を目指し、私生活を公開するなど新しい試みを行ってきた。

エリザベス女王（エリザベス2世）
Queen Elizabeth Ⅱ
クウィーン エリザベス ザ セカンド

1952年に即位。女王は国会の最高執行権限があるほか、司法や外交など国家の重要な行為に関与している。80歳を超えた現在も精力的に公務をこなす。

チャールズ皇太子
Charles, Prince of Wales
チャールズ プリンス オヴ ウェーゥズ

エリザベス女王の長男、英国王位継承順位1番目。1981年に故ダイアナ元妃と結婚するが、1996年に離婚。2005年に再婚。

ウィリアム＆ヘンリー王子
Prince William & Prince Harry
プリンス ウィリアム アンド プリンス ハゥリィ

チャールズ皇太子と故ダイアナ元妃の長男と次男。父に次いで王位継承順位2番目と3番目。2011年に、ウィリアム王子がキャサリン妃と結婚。

ダイアナ元皇太子妃
Diana, Princess of Wales
ダイアナ プリンセス オヴ ウェーゥズ

1997年、不慮の交通事故により36歳の若さで急逝した悲劇の元プリンセス。没後もダイアナを偲んで世界中からイギリスに足を運ぶ人が絶えない。

★日本では「ヘンリー王子」と呼ぶのが一般的だが、イギリスでは愛称の「ハリー」で呼ばれるのがほとんど

文学、建築を極めよう

Learn about British literature and architecture!
ラーン アバウト ブリティッシュ リテラチュア アンド アーキテクチュア

イギリス文学に興味があります
I'm interested in English literature.
アイム インタゥレスティッド イン イングリッシュ リテゥラチュア

好きな作家は誰ですか？
Who is your favourite author?
フー イズ ヨァ フェイヴァゥリット オーサー

シェイクスピア
William Shakespeare
ウィリアム シェイクスピァ

▼

『ハムレット』
Hamlet
ハムレット

『ロミオとジュリエット』
Romeo and Juliet
ゥロゥミオゥ アンド ジュリエット

アガサ・クリスティ
Agatha Christie
アガサ クゥリスティ

▼

『オリエント急行殺人事件』
Murder on the Orient Express
マーダー オン ジ オゥリエント エクスプゥレス

『そして誰もいなくなった』
And Then There Were None
アンド ゼン ゼァ ワゥァ ノン

ブロンテ姉妹
Bronte Sisters
ブゥランティ スィスターズ

▼

『嵐が丘』
Wuthering Heights
ワザゥリング ハイツ

ルイス・キャロル
Lewis Carroll
ルーイス キャゥロゥ

▼

『不思議の国のアリス』
Alice in Wonderland
アリス イン ワンダランド

コナン・ドイル
Arthur Conan Doyle
アーサー コナン ドイゥ

▼

『シャーロック・ホームズ』
Sherlock Holmes
シャーロック ホウムズ

ビアトリクス・ポター
Beatrix Potter
ビアトゥリクス ポター

▼

『ピーター・ラビット』
Peter Rabbit
ピータ ゥラビット

アラン・A・シルン
Alan A. Milne
アラン エイ ミゥン

▼

『くまのプーさん』
Winnie-the-Pooh
ウィニー ザ プー

JK・ローリング
JK Rowlings
ジェイケイ ゥロゥリングス

▼

『ハリー・ポッター』
Harry Potter
ハゥリィ ポター

★「ブロンテ姉妹」はシャーロット、エミリー、アンの3人。『嵐が丘』はエミリーの作品

この建物の建築様式はなんですか？
What style of architecture is this?
ワット スタイゥ オヴ アーキテクチュア イズ ディス

何年前に建てられたものですか？
How old is this building?
ハウ オーゥド イズ ディス ビゥディング

200年前です
It's two hundred years old.
イッツ トゥー ハンドゥレッド イヤーズ オーゥド

ノルマン様式
Norman
ノーマン

11世紀にイギリスにもたらされたロマネスク様式のこと。力強さが特徴的。ロンドン塔のホワイト・タワーなどが有名。

ゴシック様式
Gothic
ゴシック

力強い直線とアーチ型の天井を持つ。12世紀にイギリスに伝わった。カンタベリー大聖堂、ウエスミンスター寺院が代表的。

チューダー朝様式
Tudor
テューダー

チューダー朝時代の建築様式で、レンガの外壁と切妻、内庭をもつのが特徴。カントリーハウスなどに用いられた。

ルネサンス様式
English Renaissance
イングリッシュ ゥリネイスンス

16〜17世紀のルネサンスの影響を受けており、左右対称を強調。エリザベス様式、ジャコビアン様式と呼ばれることも。

ジョージ朝様式
Georgian
ジョージアン

18〜19世紀初期の建築様式で古典様式に新技術や装飾を施した。新古典主義ともよばれる。バッキンガム宮殿などが有名。

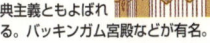

ビクトリア朝様式
Victorian
ヴィクトーゥリアン

18世紀後半から起きたネオ・ゴシックの流れから、ビクトリア女王時代に進められたゴシック様式と古典様式の折衷様式。

この建物は誰の設計ですか？
Who designed this building?
フー ディザインド ディス ビゥディング

クリストファー・レン
Christopher Wren
クゥリストファー ウレン

17〜18世紀に活躍した建築家。セント・ポール大聖堂が代表作。さまざまな様式を融合した独自の荘厳なスタイルを確立。

ジョン・ナッシュ
John Nash
ジョン ナッシュ

ジョージ朝様式時代を代表する建築家。バッキンガム宮殿など王室関係の建築のほか、個人邸宅も手がけている。

マッキントッシュ
Charles Mackintosh
チャーゥズ マキントッシュ

19世紀モダニズム建築の巨匠。グラスゴー美術大学が有名。前衛的で優美なスタイルはデザインの分野にも発揮された。

マーケットへ行こう

Let's go to a market!
レッツ ゴウ トゥ ア マーケット

○○のマーケットはいつやっていますか？
When is market day in ○○?
ウェン イズ マーケット デイ イン ○○

今一番人気のあるマーケットはどこですか？
Where is the most popular market now?
ウェア イズ ザ モウスト ポピュラー マーケット ナウ

ポートベロー	コヴェント・ガーデン	カムデン・ロック
Portobello	**Covent Garden**	**Camden Lock**
ポートベロー	コヴェント ガーデン	カムデン ロック

バラ	スピタルフィールズ	グリニッジ
Borough	**Spitalfields**	**Greenwich**
バウラ	スピタゥフィーゥズ	グゥレニッチ

この町ではマーケットが開かれますか？
Have you got a market in this town?
ハヴュ ゴット ア マーケット イン ディス タウン

マーケットは何時から何時までですか？
What time does the market start and close?
ワッタイム ダズ ザ マーケット スタート アンド クロウズ

これはいくらですか？
How much is this?
ハウ マッチ イズ ディス

○○ポンドです
It's ○○ pounds.
イッツ ○○ パウンズ

値引きしてもらえる可能性はありませんか？
Is there any chance that you could give me a discount?
イズ ゼア エニィ チャンス ザット ユー クッド ギヴ ミー ア ディスカウント↗

では10ポンドに。それ以下はだめです
I'll make it 10 pounds but nothing less.
アイゥ メイク イット テン パウンズ バット ノッシング レス

だめです
I'm afraid not.
アイム アフゥレイド ノット

★多くの人が集まるマーケットは、スリの「稼ぎ場」。貴重品にはくれぐれも注意しよう

日本語	English	カタカナ
陶器	china	チャイナ
売る人	shopkeeper	ショップキーパー
銀製品	silverware	スィゥヴァウェア
アクセサリー	jewellery	ジュウリィ
アンティーク	antique	アンティーク
クラフト	craft	クゥラフト
食品	food	フード
ガラクタ	bric-a-brac	ブゥリック ア ブゥラック
家具	furniture	フゥァーニチュア
買う人	customer	カスタマー
掘り出し物	bargain	バーゲン
古着	used clothes	ユーズド クロウズ

これは手作りですか？
Are these hand made?
アー ディーズ ハンド メイド

これ、気に入りました！
I really like this.
アイ ゥリァリィ ライク ディス

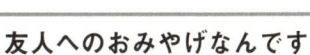

別々に袋に入れてもらえますか？
Will you put them in the bag separately?
ウィゥ ユー プット ゼム イン ザ バッグ セパゥレットリィ

友人へのおみやげなんです
These are souvenirs for my friends.
ディーズ アー スーヴェニアーズ フォ マイ フゥレンズ

ひとくちコラム
マーケットでの買物術
マーケットの開催日は週末が中心だが、最近では週日にも開催するところが増えてきた。マーケットで売られているものは、まさに玉石混淆。貴重な一点モノか、はたまたゴミ同然のガラクタか、見分けるのはアナタの眼力次第だ。値段が高いと思ったら、値引き交渉にチャレンジしてみよう。ストレートに「値引きして」と言って通じないときは、「2個で○ポンドは？」とまとめ買い作戦に出るのもひとつの手だ。

使える！ワードバンク　ストリート・マーケット編

日本語	English	カタカナ
ヴィンテージ	vintage	ヴィンティッジ
中古の	second hand	セカンド ハンド
コレクターズアイテム	collectables	コレクタブゥズ
オーガニックの	organic	オーガニック
新鮮食材	fresh produce	フゥレッシュ プゥロデュース
露店	stall	ストーゥ
2つで7ポンド	two for seven pounds	トゥー フォ セヴン パウンズ

イングリッシュガーデンを訪ねよう

Let's visit an English garden!
レッツ ヴィズィット アン イングリッシュ ガーデン

ガーデンを見たいのですが、どこがおすすめですか？

I'd like to visit a garden. Where do you recommend?
アイド ライク トゥ ヴィズィット ア ガーデン ウェア ドゥ ユー ゥレコメンド

マーガレットの見ごろはいつですか？

When is the best season to see marguerite?
ウェン イズ ザ ベスト スィーズン トゥ スィー マーガゥリート

4～7月です。特に6月がきれいです

It's from April to July but they are absolutely beautiful in June.
イッツ フゥロム エイプゥリゥ トゥ ジュライ バット ゼイ アー アブソルートリィ ビューティフゥ イン ジューン

●花の種類

- レンギョウ **golden bell** ゴーゥデン ベゥ
- マグノリア **magnolia** マグノウリア
- チューリップ **tulip** テューリップ
- ラベンダー **lavender** ラヴェンダー
- バラ **rose** ゥロウズ
- ブルーベル **bluebell** ブルーベゥ
- アイリス **iris** アイゥリス
- デイジー **daisy** デイズィー

★イギリス国内では「イングリッシュ・ガーデン」という表現はほとんど使わないので注意しよう

なんというガーデンスタイルですか？
What is this style of garden called?
ワット イズ ディス スタイゥ オヴ ガーデン コーゥド

イングランドではよくあるスタイルなんですか？
Is it a popular style in England?
イズ イット ア ポピュラー スタイゥ イン イングランド♪

フォーマル・ガーデン
Formal Garden
フォーマゥ ガーデン

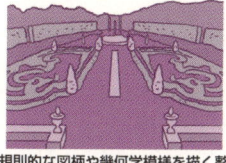

規則的な図柄や幾何学模様を描く整形式の庭で、左右対称が多い

ウォールド・ガーデン
Walled Garden
ウォーゥド ガーデン

レンガなどの塀に囲まれている庭。緑と赤茶色の石のコントラストが魅力

コテージ・ガーデン
Cottage Garden
コティッジ ガーデン

昔ながらの花や植物をメインに植えた田舎家風の庭

ノット・ガーデン
Knot Garden
ノット ガーデン

生垣で結び目（ノット）模様を描いた庭。イタリア庭園からの影響

サンクン・ガーデン
Sunkun Garden
サンクン ガーデン

周囲から見えないように、一段低く造られた庭

キッチン・ガーデン
Kitchen Garden
キチン ガーデン

野菜やハーブなど、料理に用いられる植物を植えた庭

今まで見たなかで一番きれいな庭です！
This is the most beautiful garden I've ever seen!
ディス イズ ザ モゥスト ビューティフゥ ガーデン アイヴ エヴァ スィーン

ひとくちコラム
チェルシー・フラワー・ショー
1888年に第1回が行われ、1913年からは毎年5月下旬に開催される王立園芸協会（RHS）主催の大規模なフラワーショー。世界中から訪れる大勢の入場者で賑わい、近年はチケット入手が困難なほどの人気を博している。ロンドンのチェルシー王立病院敷地内レインロー・ガーデンズで行われ、ガーデンコンテストのほか、1000種を超える新種の花が紹介される。また、ガーデニンググッズや種、球根などを扱うストール（露店）もずらりと並ぶ。

使える！ワードバンク　ガーデニング編

日本語	英語	カタカナ
シャベル	**shovel**	シャヴェゥ
移植ゴテ	**trowel**	トゥラウゥ
植木鉢	**plant pot**	プラント ポット
種	**seed**	スィード
球根	**bulb**	バゥブ
土	**soil**	ソイゥ
水やり	**watering**	ウォータゥリング

イベント、祝祭日、季節

Events/Holidays/Seasons
イヴェンツ ホリデイズ アンド スィーズンズ

メリークリスマス！
Merry Christmas!
メゥリィ クゥリスマス

あけましておめでとう！
Happy New Year!
ハピィ ニュー イヤー

大晦日 (12月31日)
New Year's Eve
ニュー イヤーズ イーヴ

元日 (1月1日)
New Year's Day
ニュー イヤーズ デイ

ボクシング・デー (12月26日)
Boxing Day
ボクスィング デイ

ボクシングとはクリスマスの贈り物を与えるという意味。昔、クリスマスの翌日に使用人にご祝儀を与えたことに由来し、日ごろお世話になっている人に贈り物を渡す習慣がある。

クリスマス (12月25日)
Christmas
クゥリスマス

1年で最も重要な行事。日本の正月のように、家族が集まってクリスマスを祝うのが一般的。翌26日はプレゼントの箱を開けるボクシング・デー Boxing day 。連休になる。

ガイ・フォークス・ナイト (11月5日)
Guy Fawkes Night
ガイ フォークス ナイト

「神に救済を感謝する日」として各地で冬の花火大会が開催。1605年11月5日、弾圧に反発したカトリック教徒の爆破計画が未遂に終わり、翌年から平和を祝う日になった。

1月 January ジャニュアリィ	2月 February フェビュラリィ
12月 December ディセンバー	冬 winter ウィンター
11月 November ノウヴェンバー	秋 autumn オータム
10月 October オクトウバー	9月 September セプテンバー

エジンバラ国際フェスティバル (8月中の約3週間)
Edinburgh International Festival
エディンバゥラ インターナショナゥ フェスティヴァゥ

芸術祭のオリンピアードとよばれる世界最大級の音楽、オペラ、バレエ、演劇などの祭りで、世界中から多くの人が訪れる。メインイベントとなるのは軍隊パレードの"ミリタリー・タトゥー"。

★イースター・マンデーはスコットランドを除いた地域のもの

国民の祝日
bank holiday
バンク　ホリデイ

休暇
holidays
ホリデイズ

ダービー&ロイヤル・アスコット (6月中〜下旬)
Derby and Royal Ascot
ダゥービィ　アンド　ゥロイヤゥ　アスコット
イギリスで貴族のスポーツとして発展した競馬。世界の四大レースに数えられるダービーとロイヤル・アスコットは、ロイヤルファミリーや貴族も観戦に訪れ、日本とは違う華やかな雰囲気。

ウィンブルドン 全英オープンテニス
the Wimbledon Championships
ザ　ウィンブゥドン　チャンピオンシップス
テニス四大タイトルのひとつ。テニス発祥の地、イギリスで1877年に始まった世界最古のトーナメントで、最も権威ある大会。開催地のウィンブルドンは、ロンドン近郊の高級住宅地としても名高い。

全英オープンゴルフ
the Open Championship
ジ　オウプン　チャンピオンシップ
ゴルフ発祥の地、セント・アンドリュースなどイギリスを代表する複数のコース持ち回りで開催。いずれも海岸に近接したコースで、強い海風と深いラフが特徴。

3月 March マーチ	4月 April エイプリゥ

グッド・フライデー (イースター直前の金曜日)
Good Friday
グッド　フゥライデイ

春 spring スプゥリング	5月 May メイ

イースター・マンデー (イースター直後の月曜日)
Easter Monday
イースタゥァ　マンデイ

夏 summer サマー	6月 June ジューン

アーリー・メイ・バンク・ホリデー (5月第一月曜日)
Early May Bank Holiday
アゥーリィ　メイ　バンク　ホリデイ

8月 August オーガスト	7月 July ジュライ

スプリング・バンク・ホリデー (通常5月最終月曜日)
Spring Bank Holiday
スプゥリング　バンク　ホリデイ

サマー・バンク・ホリデー (8月最終月曜日)
Summer Bank Holiday
サマー　バンク　ホリデイ

トゥルーピング・ザ・カラー (6月中旬)
Trooping the Colour
トゥルーピング　ザ　カラー
エリザベス女王の公式誕生日を祝い、衛兵や騎兵隊などが華やかなパレードを繰り広げる。女王の実際の誕生日は4月だが、毎年6月中旬に行われるのが恒例となっている。

ひとくちコラム
ロンドンの三大フラワーショー
5月中旬にはチェルシーフラワーショー(→P81)、7月上旬にはロンドン郊外でハンプトン・コート・パレス・フラワーショー、8月中旬には王立園芸協会の本拠地があるウィスリー・ガーデンでウィスリー・フラワーショーが開催される。

★サマー・バンク・ホリデーはスコットランドのみ、日にちが異なる

伝えよう

たとえあまり英語が話せなくても、Hello./Thank you./Please./Sorry.の4表現さえ忘れなければ旅はきっと楽しくなる！

ラヴ&スイート・ハートetc.

庶民的なところで使われる「ラヴ」「スイート・ハート」などの言いまわし

ハロー ラヴ

サンキュー スイート・ハート

外国人である自分は使いませんが、言われると何かうれしい

私がスイート・ハート…

誰でもスイート・ハートなのよ

そのほかにもいろいろなバリエーションがあり

ハロー サンシャイン

私の行きつけのクリーニング店のマダムは…

ハロー マイ・ディア

ちわちわ

「ダーリン」もよく聞かれます。ちなみに演劇界では「ダーリン」を多用。名前を覚えてなくてもごまかせるという説もあります。

ほめる

イギリス人はよくほめます。通りすがりの人や入ったお店の人にほめられるのはよくあること。

「そのバッグステキね」

「その帽子とぼくの帽子取り換えない？」

「はは」

ほめられると気分がいいので自分も友人、知人に限らず、「いいな」と思ったらほめるようにしています

「そのネイルステキ」
「ありがと」

天気が悪い分、工夫して気分を明るくポジティブにしているのかも。

それで少し気分がよくなるのなら、元手もかからないし、言うことありません。加えて、こういうときのほめ言葉で便利なのが、「ラヴリー」。状況によって、「ステキ」「かわいい」「おいしい」などを表わすイギリス的表現です。

「ラヴリー」

数字、序数
Numbers/Ordinal numbers
ナンバーズ　オーディナゥ　ナンバーズ

0.1	**one-tenth** ワンテンス	
十	**ten** テン	
百	**hundred** ハンドレッド	
千	**thousand** サウザンド	
万	**ten thousand** テン　サウザンド	
十万	**hundred thousand** ハンドレッド　サウザンド	
百万	**million** ミリアン	
億	**100 million** ワン　ハンドレッド　ミリアン	

0	0	**zero** ズィロウ
1	1	**one** ワン
2	2	**two** トゥー
3	3	**three** スリー
4	4	**four** フォー
5	5	**five** ファイヴ
6	6	**six** スィックス
7	7	**seven** セヴン
8	8	**eight** エイト
9	9	**nine** ナイン

数字	英語		
20	twenty トゥエンティ	いくつ? How many? ハウ メニィ	いくら? How much? ハウ マッチ
11	eleven イレヴン	1番目 first ファースト	1km one kilometre ワン クロミター
12	twelve トゥエゥヴ	2番目 second セカンド	42階 forty second floor フォーティセカンド フロー
13	thirteen サーティーン	3番目 third サード	3分の1 (1/3) one-third ワンサード
14	fourteen フォーティーン	4番目 fourth フォース	4分の1 (1/4) a quarter ア クウォーター
15	fifteen フィフティーン	0.5 (½=半分) zero point five = one-half ズィロウ ポイント ファイヴ ワンハーフ	5kg five kilograms ファイヴ キロウグラムズ
16	sixteen スィクスティーン	66ペンス Sixty-six pence スィックスティ スィックス ペンス	
17	seventeen セヴンティーン	777ポンド seven hundred seventy-seven pounds セヴン ハンドレッド セヴンティ セヴン パウンズ	
18	eighteen エイティーン	**column	イギリスのお金** 通貨単位はポンド(£)とペンス(p)だ。紙幣は£50、£20、£10、£5の4種類、硬貨は£2、£1、50p、20p、10p、5p、2p、1pの8種類。スコットランド、北アイルランド、一部の島嶼部では独自の紙幣が発行されているが、ほかのエリアではほとんど使えない。なお、ペンスはよく「ピー」と略して発音される。	
19	nineteen ナインティーン		

★イギリスは比較的最近メートル法に移行したので、まだ距離のマイルや重さのポンドを使う人もいる。量り売りのお惣菜などは、グラムとポンドの両方で表示されていることも

時間、一日
Time/Daily activities
タイム デイリィ アクティヴィティズ

今、何時ですか?
What time is it?
ワット タイム イズイット

バースには何時に着きますか?
What time will we arrive in Bath?
ワット タイム ウィウ ウィ アライヴ イン バァス

日の出 dawn ドーン

朝 morning モーニング

午前 morning モーニング

正午 noon ヌーン

| 1時 **1am** ワン エイエム | 3時 **3am** スリー エイエム | 5時 **5am** ファイヴ エイエム | 7時 **7am** セヴン エイエム | 9時 **9am** ナイン エイエム | 11時 **11am** イレヴン エイエム |

| 0時 | 1時 | 2時 | 3時 | 4時 | 5時 | 6時 | 7時 | 8時 | 9時 | 10時 | 11時 | 12時 |

| 0時 **12am** トゥウェヴ エイエム | 2時 **2am** トゥー エイエム | 4時 **4am** フォー エイエム | 6時 **6am** スィックス エイエム | 8時 **8am** エイト エイエム | 10時 **10am** テン エイエム | 12時 **12pm** トゥウェヴ ピー… |

起床 wake up ウェイク アップ

朝食 breakfast ブレックファスト

出社 get to work ゲット トゥー ワーク

昼食 lunch ランチ

駅までどれくらいかかりますか?
How long does it take to get to station?
ハウ ロング ダズ イット テイク トゥ ゲット トゥ ステイシュン

何時間かかりますか?
How many hours does it take?
ハウ メニィ アゥアーズ ダズ イット テイク

ひとくちコラム
時間の言い方を覚えよう
たとえば「3時10分」はアメリカなら three tenでOKだが、イギリスではten (minutes) past three (3時10分過ぎ) と言うのが普通。同様に「3時15分」はa quarter past three (3時15分過ぎ)、「3時半」はhalf past three (3時30分過ぎ)、さらに「3時45分」はa quarter to four (4時15分前)、「3時50分」はten (minutes) to four (4時10分前) となる。慣れるまではちょっぴり混乱してしまいそうだが、ぜひ覚えておこう。

4時38分です
It's 4:38.
イッツ フォー サーティエイト

午後4時ごろです
It's about 4 in the afternoon.
イッツ アバウト フォー イン ディ アフタヌーン

- 4時5分 **five past four** ファイヴ パスト フォー
- **quarter past four** クウォーター パスト フォー
- 4時15分
- 4時45分 **quarter to five** クウォーター トゥ ファイヴ
- **half past four** ハーフ パスト フォー / 4時30分

午後 **afternoon** アフタヌーン

夕方 **evening** イーヴニング

日の入 **sunset** サンセット

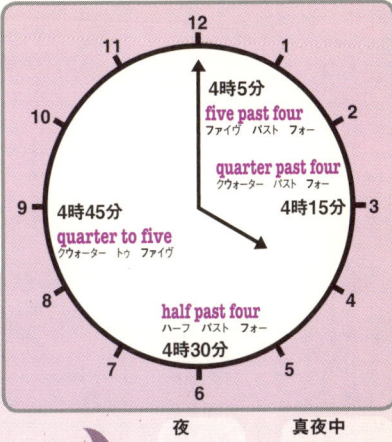

夜 **night** ナイト

真夜中 **midnight** ミッドナイト

13時	14時	15時	16時	17時	18時	19時	20時	21時	22時	23時	24時
1pm ワン ピーエム	2pm トゥー ピーエム	3pm スリー ピーエム	4pm フォー ピーエム	5pm ファイヴ ピーエム	6pm スィックス ピーエム	7pm セヴン ピーエム	8pm エイト ピーエム	9pm ナイン ピーエム	10pm テン ピーエム	11pm イレヴン ピーエム	12am トゥウェルヴ エイエム

退社 **finish (leave) work** フィニッシュ (リーヴ) ワーク

夕食 **dinner** ディナー

だんらん **hang out with family** ハング アウト ウィズ ファミリー

就寝 **go to bed** ゴウ トゥ ベッド

6時に起こしてください
Please wake me up at 6am.
プリーズ ウェイク ミ アップ アット スィックス エイエム

11時までに帰ります
I'll be back by 11 o'clock.
アイウ ビ バック バイ イレヴン オクロック

使える！ワードバンク 〔時間編〕

午前7時	It's 7am.	イッツ セヴン エイエム
午後7時	It's 7pm.	イッツ セヴン ピーエム
1秒間／2秒間	one second/two seconds	ワン セカンド トゥー セカンズ
1分間／2分間	one minute/two minutes	ワン ミニット トゥー ミニッツ
1時間／2時間	one hour/two hours	ワン アウア トゥー アウアズ

年、月、日、曜日
Year/Month/Date/Day
イヤー マンス デイト デイ

いつイギリスに来ましたか？
When did you come to Britain?
ウェン ディジュ カム トゥ ブリトゥン

4月1日です★
April the 1st.
エイプリゥ ザ ファースト

月曜日です
On Monday.
オン マンデイ

いつまで滞在しますか？
How long will you stay?
ハウ ロング ウィゥ ユ ステイ

1月 **January** ジャニュアリィ	7月 **July** ジュライ	月曜日 **Monday** マンデイ
2月 **February** フェビュラリィ	8月 **August** オーガスト	火曜日 **Tuesday** チューズデイ
3月 **March** マーチ	9月 **September** セプテンバー	水曜日 **Wednesday** ウェンズデイ
4月 **April** エイプリゥ	10月 **October** オクトウバー	木曜日 **Thursday** サーズデイ
5月 **May** メイ	11月 **November** ノウヴェンバー	金曜日 **Friday** フライデイ
6月 **June** ジューン	12月 **December** ディセンバー	土曜日 **Saturday** サタデイ
		日曜日 **Sunday** サンデイ

1 2 3 4 5 6 7 8 9 10 11 12 13 14 15

★ 英語では、日付を伝えるとき、1st(ファースト)、2nd(セカンド)のように序数(→P86)を使う

○日前	○カ月前	○年前
○ **days ago**	○ **months ago**	○ **years ago**
○ デイズ アゴウ	○ マンス アゴウ	○ イヤーズ アゴウ
きのう	先月	去年
yesterday	**last month**	**last year**
イェスタデイ	ラスト マンス	ラスト イヤー
きょう	今月	今年
today	**this month**	**this year**
トゥデイ	ディス マンス	ディス イヤー
あした	来月	来年
tomorrow	**next month**	**next year**
トゥマロウ	ネクスト マンス	ネクスト イヤー
○日後	○カ月後	○年後
in ○ days	**in ○ months**	**in ○ years**
イン ○ デイズ	イン ○ マンス	イン ○ イヤーズ

どれくらい

何日間？	何週間？	何カ月間？	何年間？
For how many days?	*For how many weeks?*	*For how many months?*	*For how many years?*
フォー ハウ メニィ デイズ	フォー ハウ メニィ ウィークス	フォー ハウ メニィ マンス	フォー ハウ メニィ イヤーズ
▼	▼	▼	▼
○日間	○週間	○カ月間	○年間
For ○ days.	**For ○ weeks.**	**For ○ months.**	**For ○ years.**
フォー ○ デイズ	フォー ○ ウィークス	フォー ○ マンス	フォー ○ イヤーズ

いつ

何日？	何月？	何曜日？
What's today's date?	**What month?**	**What day is it today?**
ワッツ トゥデイズ デイト	ワット マンス	ワット デイ イズィット トゥデイ
▼	▼	▼
○日★	○月	○曜日
The ○. (The second.)など	○. (May.)など	○**day.** (Tuesday.)など
ダ ○ (ダ セカンド)	○ (メイ)	○デイ (チューズデイ)

ひとくちコラム

週の半ばは買物デー
イギリスのお店は日本に比べて営業時間が短いが、最近では週の半ば（水曜か木曜）だけ19〜20時まで営業時間を延長するところが増えてきた。また大都市などでは日曜も午後のみ営業するのが普通になってきたが、小さな町ではまだ終日休みということが多い。

16 17 18 19 20 21 22 23 24 25 26 27 28 29 30 31

家族、友達、性格

Family/Friends/Personality
ファミリィ フレンズ パースナリティ

あなたには兄弟姉妹がいますか？
Do you have any brothers or sisters?
ドゥ ユ ハヴ エニィ ブラザーズ オー スィスターズ♪

はい。兄弟(姉妹)が1人います
Yes. I have one brother(sister).
イェス アイ ハヴ ワン ブラザー(スィスター)

日本語	英語	カナ
祖父	grandfather	グランファーザー
私の家族	my family	マイ ファミリィ
祖母	grandmother	グランマザー
おじさん	uncle	アンクゥ
父	father	ファーザー
母	mother	マザー
おばさん	aunt	アゥント
兄弟	brothers	ブラザーズ
私	me	ミー
姉妹	sisters	スィスターズ
息子	son	サン
夫	husband	ハズバンド
妻	wife	ワイフ
娘	daughter	ドーター
子供	children	チゥドレン
両親	parents	ペアレンツ
夫婦	married couple	マリィド カポゥ
孫	grandchildren	グランチゥドレン
義理の(両親)	(parents) in-laws	ペアレンツ インローズ
いとこ	cousin	カズン
少年	little boy	リトゥ ボイ
男の人	man	マン
甥	nephew	ネフュー
姪	niece	ニース
少女	little girl	リトゥ グーゥ
女の人	woman	ウマン

★日本語でナイーブnaiveというと「繊細な、純粋な」の意味だが、英語では「世間知らず、だまされやすい」になるので注意

男性の友だち	女性の友だち	あなた
guy friend	**girl friend**	**you**
ガイ フレンド	グーゥ フレンド	ユー

恋人	同級生	同僚	赤ちゃん
lover	**classmate**	**co-worker**	**baby**
ラヴァー	クラスメイト	コウワーカー	ベイビィ

年配の人／目上の人	若者／新米	親類
senior	**junior**	**relatives**
スィーニヤ	ジューニヤ	ゥリラティヴズ

彼（彼女）は私の○○です
He (She) is my ○○.
ヒ（シー） イズ マイ ○○

あなたは○○な人ですね
You are a ○○ person.
ユア ア ○○ パースン

○○な人が好きです
I like ○○ people.
アイ ライク ○○ ピーポゥ

使える！ワードバンク 〈人の性格編〉

優しい	**nice**	ナイス
賢い	**clever**	クレヴァ
厳しい	**strict**	ストゥリクト
楽しい	**fun**	ファン
下品な	**rude**	ゥルード
上品な	**charming**	チャーミング
ケチな	**stingy**	スティンジィ
気前のいい	**generous**	ジェネラス
臆病な	**cowardly**	カウアードリィ
勇敢な	**brave**	ブレイヴ
魅力的な	**attractive**	アトゥラクティヴ
親切な	**kind**	カインド

気分屋な
moody
ムーディ

元気な／活発な
active
アクティヴ

短気な
short-tempered
ショートテンパード

人なつっこい
friendly
フレンドリィ

のんびりした
relaxed
ゥリラックスト

どう猛な
intimidating
インティミデイティング

趣味、職業

Hobby/Occupation
ハビィ アキュペイション

あなたの趣味は何ですか？
What do you do in your free time?
ワット ドゥ ユ ドゥー イン ユアァ フリー タイム

スポーツ観戦です。あなたは？
I like watching sports. And you?
アイ ライク ワッチング スポーツ アンド ユ↑

私はサッカーをするのが好きです
I like playing football.
アイ ライク プレイング フッボーゥ

いつか一緒にプレイしましょう
We should play together sometime.
ウィ シュド プレイ トゥゲザァ サムタイム

音楽鑑賞	映画鑑賞	読書
listening to music	**watching films**	**reading books**
リスニング トゥ ミューズィック	ウォッチング フィゥムズ	リーディング ブックス

ショッピング	旅行	ガーデニング
shopping	**travelling**	**gardening**
シャッピング	トラヴェリング	ガーァドゥニング

写真	ドライブ	ビリヤード
taking photographs	**going for a drive**	**playing pool**
テイキング フォトグラーフス	ゴゥイング フォ ア ドゥライヴ	プレイング プーゥ

私は美術を学んでいます
I am studying art.
アイ アム スタディング アァト

法律
law
ロー

工学	医学	音楽
engineering	**medicine**	**music**
エンジェニアリング	メディスン	ミューズィック

私は○○関係の会社に勤めています
I work for a ○○ company.
アイ ワーァク フォア ア ○○ カンパニィ

不動産業 real estate リアゥ エステイト

コンサルティング consulting カンサゥティング

製造業 manufacturing マニュファクチャリング

商社 trading トレイディング

建築 construction カンストラクション

広告 advertising アドヴァタイズィング

マスコミ media ミィーディア

金融 financial フィナンシャゥ

IT IT アイティー

食品 food products フード プラダクツ

私は○○です
I am a/an ○○.★
アイ アム ア/アン ○○

通訳 interpreter インターァプレタァ

システムエンジニア system engineer スィステム エンジニアァ

医者 doctor ダクタァ

看護士 nurse ナーァス

美容師 hair dresser ヘァァ ドレサァ

秘書 secretary セクレタリィ

使える!ワードバンク 職業編

運転手	driver	ドライヴァァ
販売員	salesperson	セイゥズパーァスン
エンジニア	engineer	エンジニアァ
スポーツ選手	professional athlete	プロフェッショナゥ アスリート
ミュージシャン	musician	ミューズィシャン
銀行員	bank teller	バンク テラァ
公務員	public official	パブリック オフィシャゥ
コンサルタント	consultant	カンサゥタント
デザイナー	designer	ディザイナァ
軍人	soldier	ソウゥジャァ
政治家	politician	パリティシャン

経営者 business owner ビズィネス オウナァ

教師 teacher ティーチャァ

調理師 chef シェフ

会計士 accountant アカウンタント

★不定冠詞a(ア)とan(アン)については→P129

自然、動植物とふれあおう

Let's go to the countryside!
レッツ ゴウ トゥ ザ カントゥリィサイド

このあたりで○○できるところはありますか？
Is there somewhere around here we can ○○?
イズ ゼアァ サムウェアァ アラウンド ヒアァ ウィ キャン ○○♪

キャンプ
go camping
ゴウ キャンピング

ハイキング
go hiking
ゴウ ハイキング

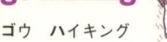

サイクリング
go cycling
ゴウ サイクリング

ラフティング
go rafting
ゴウ ラフティング

釣り
go fishing
ゴウ フィッシング

日本語	英語	カナ
太陽	sun	サン
谷	valley	ヴァリィ
森	forest	フォゥレスト
雲	cloud	クラウド
子牛	calf	カーフ
空	sky	スカイ
飼い牛	cattle	キャトゥ
馬	horse	ホース
子馬	foal	フォウゥ
子羊	lamb	ラム
羊	sheep	シープ
ウズラ	quail	クウェイゥ
バス	bass	バス
リス	squirrel	スクウィゥエゥ
湖	lake	レイク
マス	trout	トゥラウト

イギリスの国立公園　British National Park

① ブレコン・ビーコンズ国立公園　Brecon Beacons National Park
② ヨークシャー・デイルズ国立公園　Yorkshire Dales National Park
③ ノース・ヨーク・ムーアズ国立公園　North York Moors National Park
④ ダートムーア国立公園　Dartmoor National Park
⑤ スノードニア国立公園　Snowdonia National Park
⑥ エクスムーア国立公園　Exmoor National Park
⑦ ピーク・ディストリクト国立公園　Peak District
⑧ ペンブルックシャー・コースト国立公園
　　Penbrokeshire Coast National Park
⑨ 湖水地方　Lake District National Park
⑩ ノーサンバーランド国立公園　Northumberland National Park
⑪ ローモンド湖＆トロサックス国立公園
　　Loch Lomond & The Trossachs National Park
⑫ ケアンゴーム国立公園　Cairngorm National Park
⑬ ブローズ国立公園　Broads National Park
⑭ ニュー・フォレスト国立公園　New Forest National Park
⑮ サウス・ダウン国立公園　South Downs National Park

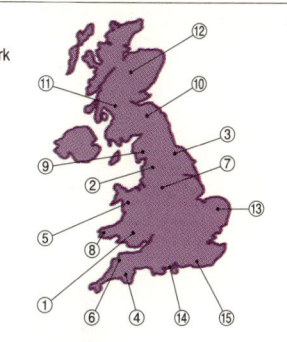

山　mountain　マウンテン
滝　waterfall　ウォーターフォーゥ
実　fruit　フゥルート
小枝　twig　トゥイッグ
葉　leaf　リーフ
幹　trunk　トゥランク
枝　branch　ブゥランチ
樹皮　bark　バーク
根　root　ウルート
キジ　pheasant　フェザント
川　river　ウリヴァ
キツネ　fox　フォクス

使える！ワードバンク　動物・自然編

日本語	英語	カナ
イヌ	dog	ドーグ
ネコ	cat	キャット
ウサギ	rabbit	ラビット
鹿	dear	ディア
ハチ	bee	ビー
ハエ	fly	フライ
クモ	spider	スパイダァ
雨	rain	レイン
雪	snow	スノゥ
霧	fog	ファグ
雷	lightning	ライトニング
虹	rainbow	レインボウ
絶滅危惧種	endangered species	エンデンジャード スピースィーズ
動植物	flora and fauna	フローゥラ アンド フォーナ

ひとくちコラム

フットパスとは？
イギリス人は、自然の中をのんびりと歩くのが大好き。中でも彼らが好んで歩くのは、footpath（フットパス）あるいはpublic footpath（パブリック・フットパス）と呼ばれる舗装されていない遊歩道だ。

訪問しよう

Let's visit someone's house!
レッツ ヴィズィット サムワンズ ハウス

きれいな家ですね！
What a beautiful house!
ワッタ ビューティフゥ ハウス

どうもありがとう
Thank you very much.
サンキュ ヴェゥリィ マッチ

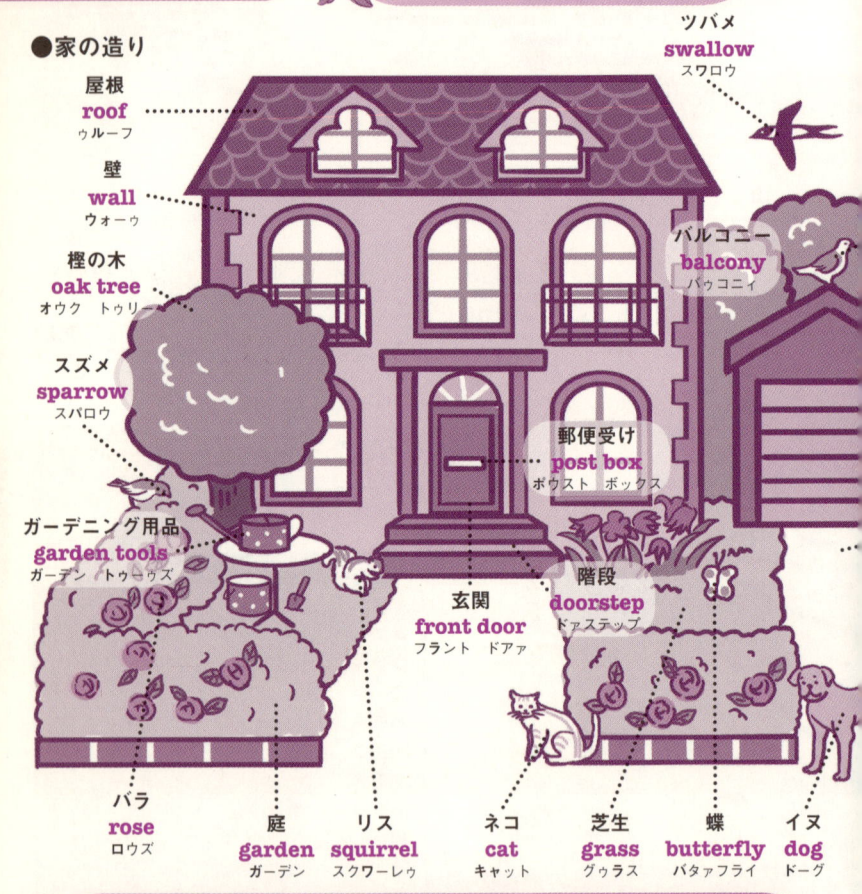

●家の造り

- 屋根 **roof** ウルーフ
- 壁 **wall** ウォーゥ
- 樫の木 **oak tree** オウク トゥリー
- スズメ **sparrow** スパロウ
- ガーデニング用品 **garden tools** ガーデン トゥーゥズ
- ツバメ **swallow** スワロウ
- バルコニー **balcony** バゥコニィ
- 郵便受け **post box** ポウスト ボックス
- 玄関 **front door** フラント ドアァ
- 階段 **doorstep** ドァステップ
- バラ **rose** ロウズ
- 庭 **garden** ガーデン
- リス **squirrel** スクワーレゥ
- ネコ **cat** キャット
- 芝生 **grass** グゥラス
- 蝶 **butterfly** バタァフライ
- イヌ **dog** ドーグ

今日はとても楽しかったです。ありがとう
I had a great time today. Thank you.
アイ ハド ア グレイト タイム トゥデイ サンキュー

★イギリスにはsemi-detached house（セミディタッチト・ハウス）と呼ばれる2軒続きの家が多い。なお「1軒家」のことはdetached houseという

98

今夜、我が家で一緒に食事をしませんか？
Would you like to come to our house for dinner tonight?
ウジュ ライク トゥ カム トゥ アウアァ ハウス フォア ディナァ トゥナイト

ありがとう。伺わせていただきます
Thank you. I would love to.
サンキュ アイ ウド ラヴ トゥ

先約があり行けません
Sorry. I have other plans.
サリィ アイ ハヴ アザァ プランズ

ここには何年住んでいるんですか？
How long have you been living in here?
ハウ ロング ハヴュ ビン リヴィング イン ヒァ

いつごろ建てられた家ですか？
How old is this house?
ハウ オーゥド イズ ディス ハウス

ハト **pigeon** ピジン
ガレージ **garage** ギャゥラージ
生垣 **hedge** ヘッジ
ドライブウェイ **Drive** ドゥライヴ

使える！ワードバンク　ハウス編

一軒家	detached house	ディタッチト ハウス
2軒続きの家	semi-detached house	セミ ディタッチト ハウス
アパート	flat	フラット
豪邸	mansion	マンション
タンス	chest of drawers	チェスト オヴ ドゥロァーズ
本棚	bookcase	ブックケイス
ガスレンジ	gas cooker	ギャス クッカー
洗面台	washbasin	ウォッシュベイスン

リビング **sitting room** スィティング ゥルーム
廊下 **hall** ホーゥ
寝室 **bedroom** ベッドルーム
ダイニング **dining room** ダイニング ルーム
階段 **stairs** ステアァズ
子供部屋 **children's room** チゥドレンズ ルーム
キッチン **kitchen** キチン
バスルーム **bathroom** バスルーム
トイレ **toilet** トイレット

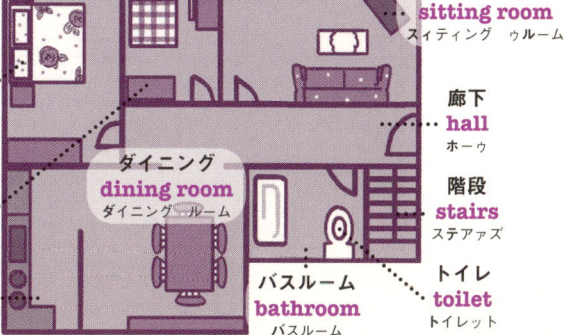

疑問詞、動詞、助動詞

Interrogative/Verb/Auxiliary verb
インタロガティヴ
ヴァーブ オーグズィリャリィ ヴァーブ

今日、時間がありますか？
よかったら映画に行きましょう
Are you free today?
Let's go to the cinema.
アー ユー フリィ トゥデイ♪
レッツ ゴウ トゥ ザ スィネマ

すみません。行けません
I'm sorry. I can't.
アイム サゥリー アイ カーント

いいですよ。いつ、どこで待ち合わせる？
Okay. When and where do we meet?
オゥケイ ウェン アンド ウェア ドゥ ウィ ミート

午後6時にピカデリー・サーカス駅の改札はどうですか？
How about six pm at the entrance of Piccadilly Circus station?
ハゥアバウト スィックス ピーエッム アット ディ エントゥランス オヴ ピカディリィ サゥーカス ステイション

了解です
Got it.
ゴティット

少し時間に遅れるかもしれません
I might be a little late.
アイ マイト ビー ア リトゥ レイト

遅れる場合は、私の携帯に電話をください
If you're running late, call my mobile.
イフ ヨー ゥラニング レイト コーゥ マイ モウバイゥ

いくら？ **How much?** ハウ マッチ	いつ？ **When?** ウェン	どこ？ **Where?** ウェー
だれ？ **Who?** フー	何（を）？ **What?** ワット	どうやって？ **How?** ハウ
なぜ？ **Why?** ワイ	どこへ？ **Where to?** ウェー トゥ	どれ？ **Which?** ウィッチ

見る	食べる	泊まる	買う
watch	**eat**	**stay**	**buy**
ウォッチ	イート	ステイ	バイ

座る	乗る	行く	来る
sit	**ride**	**go**	**come**
スィット	ゥライド	ゴウ	カム

探す	飲む	選ぶ	話す
look for	**drink**	**choose**	**talk**
ルック フォー	ドゥリンク	チューズ	トーク

書く	あげる	尋ねる	確認する
write	**give**	**ask**	**confirm**
ゥライト	ギヴ	アスク	コンファーム

両替する	連絡する	出る	入る
exchange	**contact**	**leave**	**enter**
エクスチェインジ	コンタクト	リーヴ	エンター

上げる	下げる	押す	引く
put up	**take down**	**push**	**pull**
プット アップ	テイク ダウン	プッシュ	プゥ

歩く	起きる	寝る
walk	**wake up**	**go to bed**
ウォーク	ウェイク アップ	ゴウ トゥ ベッド

走る		
run		
ゥラン		

休む
rest
ゥレスト

使える！ワードバンク 基本フレーズ

～していただけますか？	Could you ～ for me? クッジュ ～ フォー ミ↗
～をしたいのですが	I want to ～. アイ ウォント トゥ ～
～してもいいですか？	May I ～? メイ アイ ～↗
～しなくてはなりません	I have to～. アイ ハフ トゥ ～
～できますか？	Can I ～? キャナイ ～↗
予約する必要はありますか？	Do I need to book? ドゥ アイ ニーットゥ ブック↗

反意語、感情表現

Opposites/
Emotional words
オポズィッツ
イモウショノゥ ワーズ

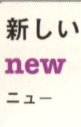

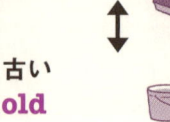

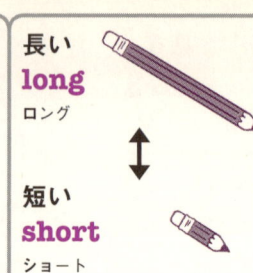

日本語	英語	読み
新しい	new	ニュー
古い	old	オウゥド
長い	long	ロング
短い	short	ショート
熱い	hot	ホット
冷たい	cold	コウゥド
強い	strong	ストゥロング
弱い	weak	ウィーク
広い	wide	ワイド
狭い	narrow	ナロウ
重い	heavy	ヘヴィ
軽い	light	ライト
明るい	bright	ブライト
暗い	dark	ダーク
静かだ	quiet	クワイエット
うるさい	noisy	ノイズィ
進む	go forward	ゴウ フォーワード
戻る	go backward	ゴウ バックワード
高い	tall	トーゥ
低い	short	ショート
高い	expensive	エクスペンスィヴ
安い	cheap	チープ
多い	many	メニィ
少ない	few	フュー
厚い	thick	スィック
薄い	thin	スィン
太い	fat	ファット
細い	thin	スィン
速い	fast	ファスト
遅い	slow	スロウ
近い	near	ニア
遠い	far	ファー

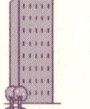

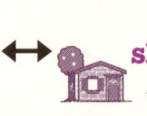

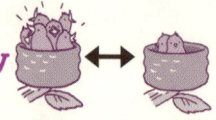

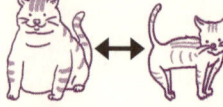

とっても○○です
It's very ○○.
イッツ ヴェリィ ○○

さみしい
lonely
ロウンリィ

ひとくちコラム
-ingと-edの違い
「つまらない」はIt's boring./I'm bored.、「がっかり」はIt's disappointing./I'm disappointed.と、主語によって形が変わることに注意しよう。

楽しい	面白い	つまらない
fun ファン	**interesting** イントゥレスティング	**boring** ボーリング

うれしい	悲しい	がっかり
glad グラッド	**sad** サッド	**disappointing** ディサポインティング

すご〜い！	かっこいい！	かわいい！
Wow! ワウ	**Cool!** クーゥ	**Cute!** キュート

えっ？	やった〜！	幸運を
What? ワット♪	**Nice!** ナイス	**Good luck.** グッ ラック

軟らかい **soft** ソフト ↔ 硬い **hard** ハード

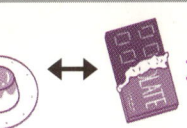

どうしよう…
What should I do...?
ワット シュド アイ ドゥ

よい **good** グッド ↔ 悪い **bad** バッド

深い **deep** ディープ ↔ 浅い **shallow** シャロゥ

使える！ワードバンク 形容詞編

簡単な	**easy** イーズィ
難しい	**hard** ハード
きれいな	**beautiful** ビューティフウ
汚い	**dirty** ダーティ
暖かい	**warm** ウォーム
涼しい	**cool** クーゥ
役立つ	**useful** ユースフウ
役に立たない	**useless** ユースレス
落ちついた	**mature** マチュア
未熟な	**immature** イマチュア
デジタル	**digital** ディジタゥ
アナログ	**analog** アナログ

体、体調

Body/Physical condition
バディ フィズィコウ コンディシュン

○○に痛みがあります
I've got a pain in my ○○.
アイヴ ゴット ア ペイン イン マイ ○○

○○がズキズキします
My ○○ is throbbing.
マイ ○○ イズ スロビング

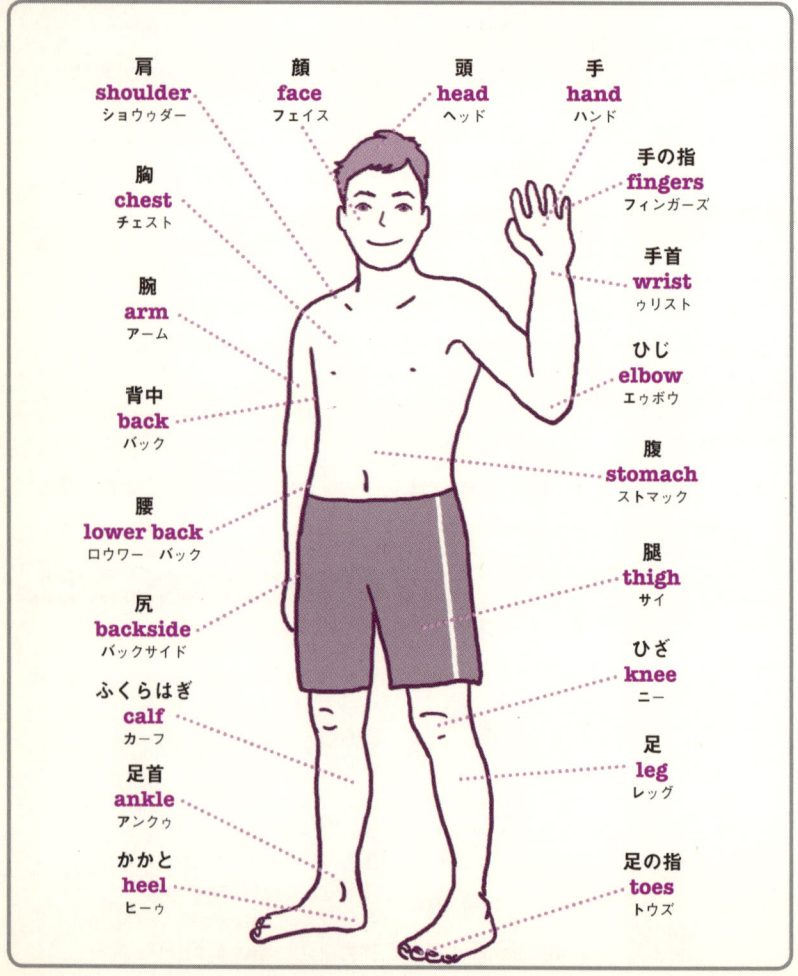

- 肩 **shoulder** ショウゥダー
- 顔 **face** フェイス
- 頭 **head** ヘッド
- 手 **hand** ハンド
- 胸 **chest** チェスト
- 手の指 **fingers** フィンガーズ
- 腕 **arm** アーム
- 手首 **wrist** ウリスト
- 背中 **back** バック
- ひじ **elbow** エゥボウ
- 腹 **stomach** ストマック
- 腰 **lower back** ロウワー バック
- 尻 **backside** バックサイド
- 腿 **thigh** サイ
- ふくらはぎ **calf** カーフ
- ひざ **knee** ニー
- 足首 **ankle** アンクゥ
- 足 **leg** レッグ
- かかと **heel** ヒーゥ
- 足の指 **toes** トウズ

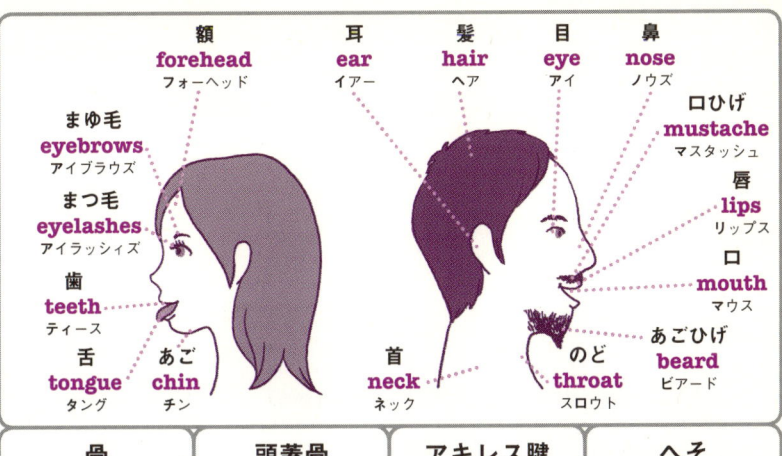

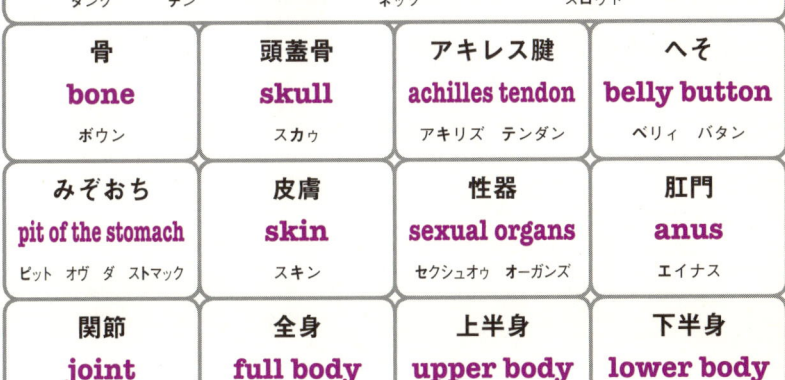

日本語	English	カタカナ
額	forehead	フォーヘッド
耳	ear	イアー
髪	hair	ヘア
目	eye	アイ
鼻	nose	ノウズ
まゆ毛	eyebrows	アイブラウズ
まつ毛	eyelashes	アイラッシィズ
歯	teeth	ティース
舌	tongue	タング
あご	chin	チン
首	neck	ネック
のど	throat	スロウト
口ひげ	mustache	マスタッシュ
唇	lips	リップス
口	mouth	マウス
あごひげ	beard	ビアード
骨	bone	ボウン
頭蓋骨	skull	スカゥ
アキレス腱	achilles tendon	アキリズ テンダン
へそ	belly button	ベリィ バタン
みぞおち	pit of the stomach	ピット オヴ ダ ストマック
皮膚	skin	スキン
性器	sexual organs	セクシュオウ オーガンズ
肛門	anus	エイナス
関節	joint	ジョイント
全身	full body	フゥ バディ
上半身	upper body	アッパー バディ
下半身	lower body	ロウアー バディ
親指	thumb	サム
人さし指	index (first) finger	インデックス ファースト フィンガー
中指	middle finger	ミドゥ フィンガー
爪	fingernail	フィンガーネイゥ
くすり指	ring finger	ゥリング フィンガー
左手	left hand	レフト ハンド
小指	little finger (pinky)	リトゥ フィンガー ピンキィ
右手	right hand	ゥライト ハンド

使える！ワードバンク　体の部位編

脳	brain	ブレイン
心臓	heart	ハート
肺	lungs	ラングズ
肝臓	liver	リヴァー
食道	esophagus	イサファガス
胃	stomach	ストマック
小腸	small intestine	スモーゥ インテスティン
大腸	large intestine	ラージ インテスティン
腎臓	kidney	キドニィ
脾臓	spleen	スプリーン
血管	blood vessel	ブラッド ヴェソゥ
筋肉	muscle	マスゥ

病気、ケガ
Sickness/Injury
スィックネス インジュリィ

病院へ連れて行ってください
Please take me to hospital.
プリーズ テイク ミー トゥ ホスピトゥ

ここが痛いです
It hurts right here.
イット ハーツ ウライト ヒア

熱があります
I have a fever.
アイ ハヴ ア フィーヴァー

だるいです
I feel tired.
アイ フィーゥ タイヤード

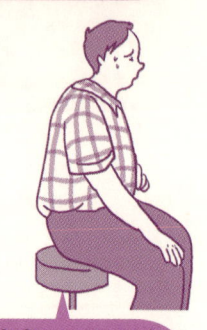

寒気がします
I feel chilly.
アイ フィーゥ チリィ

息苦しいです
I can't breathe.
アイ カーント ブリーズ

吐き気がします
I feel nauseous.
アイ フィーゥ ノーズィアス

風邪 **cold** コウゥド	食あたり **food poisoning** フード ポイズニング	胃腸炎 **stomach infection** ストマック インフェクシュン	肺炎 **pneumonia** ニューモウニャ
熱中症 **heat stroke** ヒート ストロウク	頭痛 **headache** ヘデイク	盲腸炎 **appendicitis** アペンディサイタス	消化不良 **digestion problems** ダイジェスチュン プロブレムズ
打撲 **bruise** ブルーズ	ねんざ **sprain** スプレイン	骨折 **broken bone** ブロウクン ボウン	やけど **burn** バーン

私はアレルギー体質です **I have allergies.** アイ ハヴ アラジィズ	旅行者保険に入っています **I have travel insurance.** アイ ハヴ トラヴェゥ インショーランス

妊娠中 **pregnant** プレグナント	糖尿病 **diabetes** ダイアビーティズ	高血圧 **high blood pressure** ハイ ブラッド プレッシャー	低血圧 **low blood pressure** ロウ ブラッド プレッシャー

★現地で万が一体調を崩したら、walk-in clinic（ウォークイン・クリニック）という予約なしで診療が受けられる医院を探そう。もちろん緊急を要するときは、救急車を呼ぶのが一番

日本語を話す医者はいますか？
Is there a doctor who speaks Japanese?
イズ ゼア ア ドクタ フー スピークス ジャーパニーズ♪

どうしましたか？
What's wrong?
ワッツ ゥロング

お腹を見せてください
Show me your stomach.
ショウ ミ ヨー ストマック

処方箋を出します
I'll write you a prescription.
アイウ ゥライト ユ ア プリスクリプシュン

注射	点滴	湿布	手術
injection	**IV**	**compress**	**operation**
インジェクシュン	アイヴィー	コンプレス	オペレイシュン

風邪薬	解熱剤	鎮痛剤	消毒薬
cold medicine	**antipyretic**	**painkiller**	**disinfectant**
コウゥド メディスン	アンティパイレティック	ペインキラー	ディスインフェクタント

胃薬	抗生物質	座薬	薬局
stomach medicine	**antibiotic**	**suppository**	**chemist**
ストマック メディスン	アンティバイアティック	サポズィトリィ	ケミスト

薬は何回飲むのですか？	1日2回	1回3錠
How many times should I take this?	**twice a day**	**three tablets at once**
ハウ メニィ タイムズ シュド アイ テイク ディス	トワイス ア デイ	スリー タブレッツ アット ワンス

食前	食間
before eating	**between meals**
ビフォー イーティング	ビトゥィーン ミーゥズ

食後	服用する
after eating	**take**
アフター イーティング	テイク

使える！ワードバンク　病院関係編

医院	**clinic**	クリニック
医師	**doctor**	ダクタァ
看護士	**nurse**	ナーァス
内科	**internal medicine**	インターノゥ メディスン
外科	**surgery**	サージェリィ
眼科	**ophthalmology**	アフサルモロジー
歯科	**dentistry**	デンティストリィ

事故、トラブル

Accident/Trouble
アクスィデント トラブゥ

○○をなくしました
I've lost my ○○.
アイヴ ロスト マイ ○○

○○を盗まれたようです
I think my ○○ was stolen.
アイ スィンク マイ ○○ ワズ ストゥルン

お金
money
マニィ

パスポート
passport
パスポート

財布
wallet
ワレット

カメラ
camera
キャメラ

クレジットカード
credit card
クレディット カード

航空券
plane ticket
プレイン ティケット

バッグ
bag
バッグ

スーツケース
suitcase
スートケイス

警察（救急車／医者）を呼んでください
Call the police! (an ambulance/a doctor)
コーゥ ダ ポリース（アン アンビャランス／ア ダクタァ）

盗難（事故）証明をもらえますか？
Can I have a theft (an accident) report?
カナイ ハヴ ア セフト（アン アクシデント） ゥリポート

日本語のわかる人はいませんか？
Is there someone who speaks Japanese?
イズ ゼェア サムワン フー スピークス ジャパニーズ↗

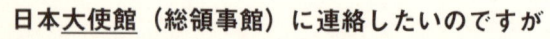

日本大使館（総領事館）に連絡したいのですが
I want to contact the Japanese embassy (consulate).
アイ ウォント トゥ コンタクト ダ ジャパニーズ エンバスィ（コンスリット）

★イギリスの警察、消防署、救急車はすべて電話番号999（ナインナインナイン）

日本語	English	カナ
交通事故	traffic accident	トゥラフィック アクスィデント
信号無視	run a red light	ゥラン ア ゥレッド ライト
衝突	crash	クゥラッシュ
けんか	fight	ファイト
ドロボウ	thief	スィーフ
火事	fire	ファイア
詐欺	rip off	ゥリップ オフ
すり	pickpocket	ピックポケット
ひったくり／置き引き	bag-snatcher	バッグ スナッチャー
雪崩	avalanche	アヴァランチ
雷雨	thunder storm	サンダー ストーム
山火事	forest fire	フォレスト ファイア

日本語	English	カナ
弁償してください	You have to compensate me.	ユ ハフ トゥ コンペンセイト ミ
車にはねられました	I was hit by a car.	アイ ワズ ヒット バイ ア カー
私は悪くありません	It's not my fault.	イッツ ノット マイ フォーウト
携帯電話を貸してください	Please let me use your mobile.	プリーズ レット ミ ユーズ ヨー モウバイウ

緊急フレーズ

日本語	English	カナ
助けて！	Help!	ヘゥプ
動くな！	Freeze!	フリーズ
やめろ！	Stop!	ストップ
離せ！	Let me go!	レット ミ ゴウ
泥棒！	Thief!	スィーフ
手を上げろ！	Put your hands up!	プッ ヨー ハンズ アップ
開けて！	Open up!	オウプン アップ
出て行け！	Get out!	ゲット アウト
つかまえて！	Catch him!	キャッチ ヒム

★「999に電話してください！」は、Call 999！（コール ナインナインナイン）

column ～「イギリス流」マスターへの道～

イギリスにおける"心と表現"

寛容な心に甘えよう

外国人や旧植民地からの移住者が多く混在する多国籍のイギリス。近年はEUの拡大によりバルト3国や東欧諸国から人々が押し寄せている。イギリスに居住する外国人のほとんどは、堂々と自国訛りの強い英語を話し、まるでフランス語のようなフランス人の英語や、Rの発音が強いスペインやアラブ系の人々の英語が飛び交うことも日常茶飯事。しかも、イギリス人はちゃんとそれを聞き分けているから見事だ。どんなに発音が違っていても、理解できるまで辛抱強く聞いてくれるあたりに心の寛容さが表れる。英語に自信がない人も、思い切ってイギリス人の懐に飛び込んでみよう。

深読みの思いやり

同じ英語圏でも、アメリカ人やオーストラリア人などは一般的にオープンで明るい印象だが、イギリス人の第一印象は礼儀正しいがとっつきにくいと思われることが多いという。また、イギリス人には大げさな表現は恥ずかしいという意識があるため、レストランやファストフード店などでも、アメリカの陽気なウェイトレスのように自己紹介から始めることはなく、淡々とした接客態度。しかし、これは決して冷たいというわけではなく、実際は「他人を尊重（リスペクト）することが一番の思いやり」と考える思考があるためで、その証しに乗り物では高齢者や妊婦にさらりと席を譲ったり、重い荷物を持ったお年寄りや子連れの人をさりげなくサポートしたり、といった光景が頻繁に見られる。

また、奉仕精神も旺盛なので、大きな声には出さなくても何らかのチャリティ（発展途上国の子供支援、動物愛護、癌研究などの医療関連など多数）に定期的に寄付している人も大勢いる。このように一定の距離をもって人と接するイギリス人は「親しき仲にも礼儀あり」という日本人によく似ており、初対面ですぐ友達になることは稀。一度親しくなると親切で律儀、信頼できる一生の友人となる場合も多い。ただ、これはおもにロンドンでの話。地方に行くと、もう少し素朴でフレンドリーな人々が大勢いるのはどの国でも同じことだ。

議論ならおまかせ！

イギリス人は、自分の考えや意見を人前で述べることに躊躇せず、相手に言葉や気持ちを伝えるのが上手な国民であるともいえる。イギリスでは、小学校低学年のころから討論やプレゼンテーションを授業に導入することが多くあり、子供のときから人前で堂々と話すことへのレッスンを受ける場合が多い。もちろん、進学して大学などに入れば、生徒は論文提出などの機会が多くなる。その際、提出した論文の根拠を裏付けるための口頭試問やプレゼンテーションなども求められ、そこもかなり重要視されているようだ。

テレビ番組では、首相も交えた国会生中継や、現役の大臣や政治家が一般人の質問に答える公開番組などもある。日本の国会答弁や首相記者会見とはまったく異なり、あらかじめ用意された質問と回答を読み上げるような形式でもないため、機転の利く一般人からのコメントや堂々とした立居振る舞いに圧倒されることもしばしば。そのような点から、イギリス人と議論となった場合はかなり手ごわい相手にもなることも。例えば自分でミスを犯した場合でも、正直に過ちを認めて謝罪することは少なく、賢く話をまとめ上げてしまうこともあるとか。

私の国を紹介します

日本の紹介

日本の地理	112
日本の一年	114
日本の文化	116
日本の家族	118
日本の料理	120
日本の生活	122
〈コラム〉イギリス式ライフスタイル	124

日本の地理
Geography of Japan

日本列島は4つの大きな島(北海道、本州、四国、九州)と大小約7000もの島々から成り立っている。

The Japanese archipelago consists of four major islands (Hokkaido, Honshu, Shikoku, Kyushu) and includes approximately 7,000 islands altogether.

私は○○で生まれました
I was born in ○○.
アイ ワズ ボーン イン ○○

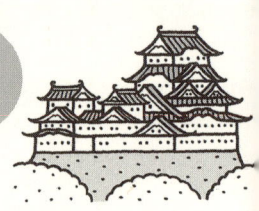

日本の山 高さベスト3 TOP3 Mountains

1	富士山	3,776m	Mt. Fuji (12,388 feet)
2	北岳	3,192m	Mt. Kitadake (10,472 feet)
3	奥穂高岳	3,190m	Mt. Okuhotakadake (10,465 feet)

三名城 3 Famous Castles

姫路城(兵庫)	Himeji Castle (Hyogo)
松本城(長野)	Matumoto Castle (Nagano)
熊本城(熊本)	Kumamoto Castle (Kumamoto)

日本三景 3 Famous Places of Scenic Beauty

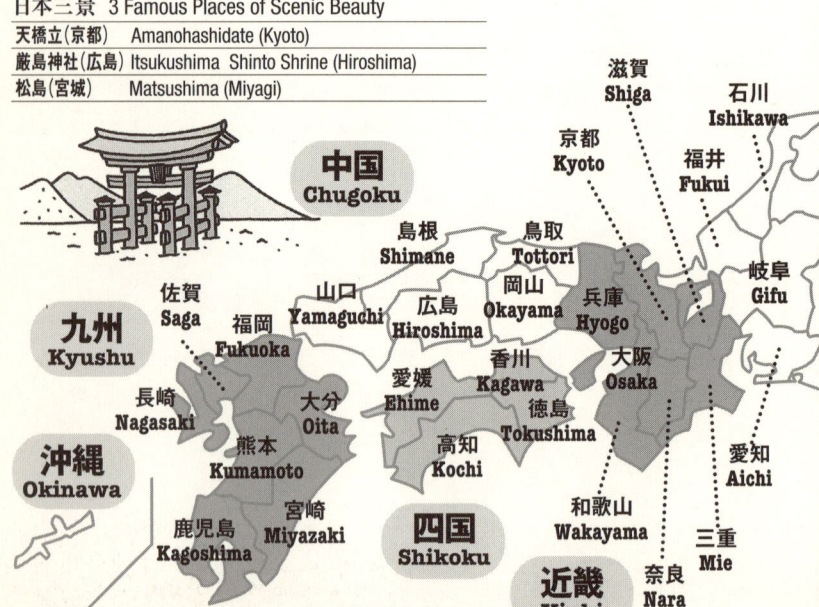

天橋立(京都)	Amanohashidate (Kyoto)
厳島神社(広島)	Itsukushima Shinto Shrine (Hiroshima)
松島(宮城)	Matsushima (Miyagi)

中国 Chugoku

九州 Kyushu

沖縄 Okinawa

四国 Shikoku

近畿 Kinki

滋賀 Shiga
石川 Ishikawa
京都 Kyoto
福井 Fukui
島根 Shimane
鳥取 Tottori
岐阜 Gifu
佐賀 Saga
山口 Yamaguchi
岡山 Okayama
兵庫 Hyogo
福岡 Fukuoka
広島 Hiroshima
大阪 Osaka
長崎 Nagasaki
大分 Oita
愛媛 Ehime
香川 Kagawa
熊本 Kumamoto
徳島 Tokushima
愛知 Aichi
高知 Kochi
鹿児島 Kagoshima
宮崎 Miyazaki
和歌山 Wakayama
三重 Mie
奈良 Nara

★ (日本には)温泉がたくさんあります = There are many mineral hot springs in Japan.

私の国を紹介します
Let's talk about Japan!

北海道
Hokkaido

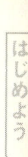

※（ ）内は所在地、登録年　／文＝文化遺産、自＝自然遺産

［世界遺産］World Heritage

日本にあるユネスコの世界遺産は、2011年12月現在、16物件あります。

As of December 2011, there are 16 locations in Japan included in UNESCO's World Heritage Site List.

- ●知床（北海道、2005／自）Shiretoko
- ●白神山地（青森・秋田、1993／自）Shirakami-Sanchi
- ●平泉の文化遺産（岩手、2011／文）
  Hiraizumi - Temples, Gardens and Archaeological Sites Representing the Buddhist Pure Land
- ●日光の社寺（栃木、1999／文）
  The Shrines and Temples of Nikko
- ●小笠原諸島（東京、2011／自）Ogasawara Islands
- ●白川郷・五箇山の合掌造り集落（岐阜・富山、1995／文）
  Historic Villages of Shirakawa-go and Gokayama
- ●古都京都の文化財（京都・滋賀、1994／文）
  Historic Monuments of Ancient Kyoto (Kyoto, Uji and Otsu Cities)
- ●古都奈良の文化財（奈良、1998／文）
  Historic Monuments of Ancient Nara
- ●法隆寺地域の仏教建造物（奈良、1993／文）
  Buddhist Monuments in the Horyu-ji Area
- ●紀伊山地の霊場と参詣道（三重・奈良・和歌山、2004／文）
  Sacred Sites and Pilgrimage Routes in the Kii Mountain Range
- ●姫路城（兵庫、1993／文）Himeji Castle
- ●原爆ドーム（広島、1996／文）
  Hiroshima Peace Memorial (Atomic Dome)
- ●厳島神社（広島、1996／文）
  Itsukushima Shinto Shrine
- ●石見銀山遺跡とその文化的景観（島根、2007／文）
  Iwami Ginzan Silver Mine and its Cultural Landscape
- ●屋久島（鹿児島、1993／自）Yakushima
- ●琉球王国のグスク及び関連遺跡群（沖縄、2000／文）
  Gusuku Sites and Related Properties of the Kingdom of Ryukyu

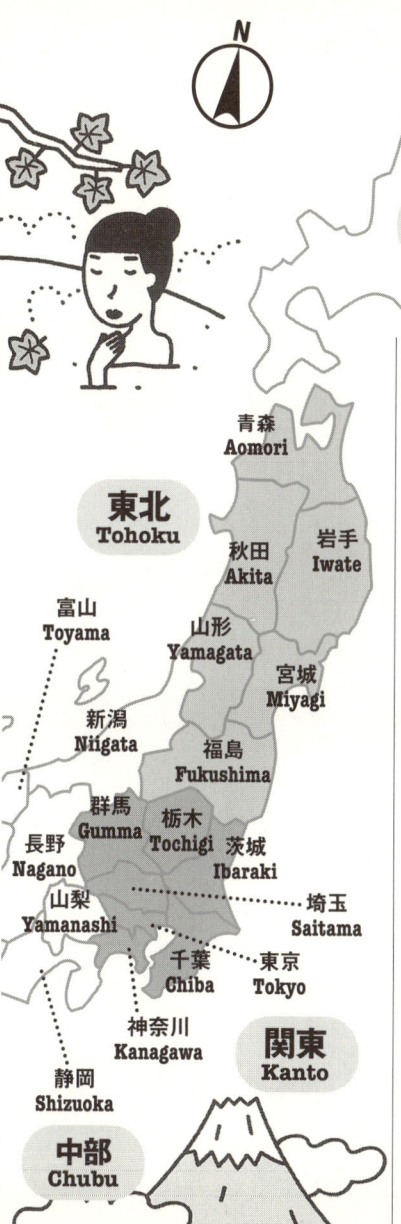

青森 Aomori

東北 Tohoku

秋田 Akita
岩手 Iwate
富山 Toyama
山形 Yamagata
宮城 Miyagi
新潟 Niigata
福島 Fukushima
群馬 Gumma
栃木 Tochigi
茨城 Ibaraki
長野 Nagano
山梨 Yamanashi
埼玉 Saitama
千葉 Chiba
東京 Tokyo
神奈川 Kanagawa

関東 Kanto

静岡 Shizuoka

中部 Chubu

★○○を知っていますか？＝Do you know about○○?

日本の一年
Japanese calendar

日本には4つの季節"四季(Shiki)"があり、それぞれの季節とその移り変わりを楽しむ行事がある。

Japan has four seasons ("shiki"), and many popular events mark the change of seasons.

日本は今○○の季節です
Right now, it is ○○ in Japan.
ゥライト　ナウ　イット　イズ　○○　イン　ジャパン

[七夕(7月7日)]
Tanabata (July 7)
中国の伝説に由来する。1年に一度だけ、天の川の両端にある星、彦星（アルタイル）と織姫（ベガ）が出会うことを許される。また、願いごとを書いた紙を笹に飾ると願いが叶う、といわれている。

Tanabata is an annual event based on a Chinese legend. It is said that once a year, on the night of July 7, the stars Altair and Vega, which are on opposite sides of the Milky Way, are allowed to meet. Also it is believed that wishes written on strips of coloured paper and hung on bamboo branches will come true.

[端午の節句(5月5日)]
Tango no sekku (May 5)
男児の健やかな成長と幸せを願う日で祝日になっている。男児がいる家庭では、鯉のぼりを揚げ、武者人形や鎧兜を飾る。

The day of good health and happiness for young boys. It is also designated as a national holiday,"Children's Day". Families with boys celebrate the day by flying koinobori (kites) and displaying musha ningyo and yoroi kabuto (armour and helmets).

[花見] Hanami
桜の満開時期になると、職場仲間や友人、家族で公園などに出かけ、桜の木の下で食事をしたり、酒を飲んだりする。

When cherry blossoms are in full bloom, people go to parks and other places with their colleagues, friends and family for "cherry blossom viewing". They enjoy the view while eating and drinking under the cherry trees.

- 8月 August
- 7月 July
- 6月 June
- 5月 May
- 4月 April
- 3月 March
- 夏 Summer
- 春 Spring

[ひな祭り(3月3日)]
Hina matsuri (March 3)
女児の健やかな成長と幸運を願う行事。ひな人形を飾り、桃の花や白酒、ひし餅、ひなあられを供える。

During hina matsuri (the girls' festival), families with young girls pray for their good health and happiness. Hina ningyo (hina dolls) are displayed and white sake, diamond-shaped rice cakes called hishimochi and hina arare (sweetened rice crackers) are set out as offerings.

★季節ごとに、昔から多くの行事があります＝In Japan, each season brings a variety of traditional events.

[盆] Bon festival

7月13～15日、または8月13～15日に帰ってくる祖先の霊を迎えて慰めるため、さまざまな行事を行う。都会に住む人も故郷に帰って、墓に花を供えるなどして祖先の霊を供養する。

From July 13-15, or August 13-15, a series of events are held to receive and comfort the spirits of ancestors that are said to return to their homes at this time. People who live in big cities return to their parents' homes and pray for the happiness of their ancestors' souls by visiting graves and placing flowers etc.

[月見(9月中旬)] Tsukimi (Mid-September)

月を鑑賞する行事を月見という。9月中旬頃の満月を特に「十五夜」とよび、月見団子や果物、秋の七草を供える。

The activity of moon viewing is called Tsukimi. It is held on the night of the full moon in the middle of September (specifically called "jugoya"). Tsukimi dango (dumplings), fruits and the seven autumn flowers are offered to the moon.

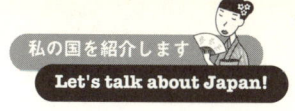

私の国を紹介します
Let's talk about Japan!

[クリスマス(12月25日)] Christmas (December 25)

日本ではクリスマスは宗教色が薄く、家族や友人、恋人達が絆を確かめあう行事であることが多い。

Generally, Christmas is not celebrated as a religious event in Japan. Instead, it is treated as an event to express one's affection for family, friends and loved ones.

[大晦日] Omisoka (December 31)

大晦日の夜には、家族揃ってテレビで歌番組を見てすごす。また、家族揃ってそばを食べることによって、健康と長寿を願う。

New Year's Eve in Japan is generally marked by the immediate family spending the night together watching a popular music show on TV. Japanese noodles are a traditional meal and eating them serves as a symbol of long life and happiness.

9月 September
10月 October
11月 November
12月 December
1月 January
2月 February

秋 Autumn
冬 Winter

[正月] Shogatsu

1年の最初の月のことだが、1月1～7日を指すことが多い。古来より、正月の行事は盆とともに重要なものとされている。

Although shogatsu literally means the first month of the year, it generally indicates the period of January 1st to 7th. Since ancient times, the events of shogatsu have been considered as important as those of the bon festival.

[節分(2月3日)] Setsubun (February 3)

「鬼は外」「福は内」とかけ声をかけながら、鬼役の人に向かってマメを投げる。邪悪なものや不幸を家の外に追い払い、福を呼び込む意味がある。

On the day of setsubun, people throw soy beans at the "demon"(usually a family member wearing a demon mask) yelling "Out with demons! In with happiness!". This is believed to ward off evil and misfortune from the home and bring happiness.

[バレンタインデー(2月14日)] Valentine's Day (February 14)

女性から男性にチョコレートを贈るのが一般的。贈り物をもらった男性は3月14日のホワイトデーにお返しをする。

It is customary that women give men chocolate on Valentine's Day, February 14. Men who receive presents on this day are expected to give gifts to the women in return on White Day, March 14.

★秋は紅葉が美しいです＝The fall colors are beautiful.

日本の文化
Japanese culture

○○をご存じですか？
Have you ever heard of ○○?
ハヴ ユ エヴァー ハード オヴ ○○♪

[着物] Kimono

着物は和服ともよばれる日本の伝統的衣服。江戸時代までは日常着だった。洋服が普及してからは礼服として冠婚葬祭や茶道の席で着ることが多い。

Kimonos, also called wafuku, are the traditional costume of Japan that were worn as everyday clothing up until the Edo period (late 19th century). Since western-style clothes have become the norm for daily activities, kimonos are mostly worn for ceremonial occasions and when traditional arts like the tea ceremony are practiced.

[浮世絵] Ukiyoe

浮世絵は江戸時代に発達した風俗画。15〜16世紀には肉筆の作品が中心だったが、17世紀後半、木版画の手法が確立され、大量生産が可能になると、庶民の間に急速に普及した。

Ukiyoe is a genre of painting developed during the Edo period. In the 15th and 16th century, they were mostly painted by hand. In the late 17th century, when the technique of woodblock printing was established to enable mass-production, ukiyoe soon became very popular among the common people.

[短歌と俳句] Tanka and Haiku

短歌は日本独特の和歌の一形式で、五七五七七の五句31音で構成される。俳句は五七五の三句17音の詩。この短い形式の中に美しい言葉で季節や自分の気持ちを詠み込む。

Tanka is a unique and traditional style of poetry, comprised of 5 lines, each line having a syllabic meter of 5-7-5-7-7. Haiku are the more renowned shorter version with three lines and 17 syllables in the pattern of 5-7-5. Haiku are poetic expressions revolving around the seasons and personal emotions.

[盆栽] Bonsai

盆栽は、鉢に植えた小さな木を自然界にあるような大木の形に整え、その姿を楽しむ植物の芸術作品。木の姿だけでなく、鉢も鑑賞の対象となる。

Bonsai is the horticultural art of training miniature potted trees and plants to grow into shapes resembling large trees that actually exist in nature. In addition to the shapes of the plants, the pots and vessels are an appreciated part of the craft.

[生け花] Ikebana

生け花は草花や花を切り取り、水を入れた花器に挿して鑑賞する日本独特の芸術。もとは仏前に花を供えるところから始まったが、室町時代（14〜16世紀）には立花として流行し、江戸時代になると茶の湯とともに一般に普及した。

Ikebana is the traditional Japanese art of arranging cut flowers and branches in a vase. It originated from offering flowers before the memorial of the deceased. In the Muromachi period (14th-16th century), rikka (standing flowers) arrangement became trendy. In the Edo period, flower arrangement gained popularity along with the tea ceremony.

[茶の湯] Cha no yu

茶の湯は、16世紀ごろ千利休が大成した。彼は禅の精神を取り入れ、簡素と静寂を旨とする日本独特の「わび」の心を重んじた。

Cha no yu (tea ceremony) was perfected by Master Sen no Rikyu in the 16th century. It is based on the spirit of Zen and focuses on pursuing the Japanese "wabi" aesthetic, a simple and calm state of mind.

★盆栽、生け花、茶の湯などは趣味で習う人も多い＝Many people learn bonsai, Ikebana, tea ceremony as a hobby.

[歌舞伎] Kabuki

江戸時代に生まれた日本独特の演劇芸術。1603年、出雲大社の巫女だった女性たちにより京都で興行されたのが始まりといわれている。風紀を乱すということから禁止されたが、その後、徳川幕府により成人男子が真面目な芝居をすることを条件に野郎歌舞伎が許された。現在の歌舞伎は男性のみで演じられる。★

Kabuki is a unique style of traditional Japanese theatre that was developed during the Edo period. It is said to have originated from a group of itinerant women entertainers performing in Kyoto in 1603. Thought to be negatively affecting public morals, kabuki was banned. Later the Tokugawa Shogunate allowed it to be revived on condition that only male actors participate (Yaro Kabuki). Kabuki remains like this to this day, as even the female roles are played by men.

私の国を紹介します
Let's talk about Japan!

[相撲] Sumo

日本の伝統的なスポーツのひとつ。土俵とよばれる丸いリングの中で2人が組み合い、相手を土俵の外に出すか、地面に倒した方が勝ち。古くから相撲は神の意志を占う役割があったが、8世紀ごろの、天皇に見せる節会相撲が始まり。現在は日本の国技として人気を集め、外国人力士も増加中。

Sumo, or Japanese wrestling, is one of Japan's most popular traditional sports. It is a match of two sumo wrestlers in a round ring called the dohyo. The winner is the one who first makes his opponent step outside the ring or fall down to the ground. In ancient times, sumo was conducted as a religious ritual. The origin of present-day sumo is sechie zumo, conducted in the 8th century as a ceremonial show for the Emperor. Today, sumo enjoys popularity as the national sport of Japan, and it is gaining popularity abroad as more and more foreign wrestlers compete.

[文楽] Bunraku

日本の伝統的な人形芝居、人形浄瑠璃（義太夫節）という独特の歌謡に合わせて演じられる。人形浄瑠璃が成立したのは1600年前後といわれ、主に大阪を中心に発展してきた。★

Bunraku is the traditional Japanese puppet theatre (ningyo jooruri) which is performed with a unique narrative chant called joruri (gidayu bushi). Ningyo jooruri is said to have been established around 1600 and flourished mainly in the Osaka area.

[柔道] Judo

日本に古くからあった柔術という格闘技を、19世紀に嘉納治五郎がスポーツとして改良したもの。身体と精神の両方を鍛えることを目的としている。

Judo is a refined form of the older Japanese martial art, jujutsu. It was developed into the sport of judo by Jigoro Kano in the 19th century. Judo aims to improve both one's physical and mental strength.

[剣道] Kendo

剣を使って心身を鍛える道。武士の時代には相手を倒すための武術だったが、現在では面、胴、小手などの防具をつけ、竹刀で相手と打ち合う。

Kendo is a way of strengthening one's mind and body using a sword. While kendo was a military technique for defeating the enemy in the warrior age, it is now practised as a sport in which two fencers wearing pads and armour (referred to as men, do and kote) duel with bamboo swords.

[能・狂言] Noh and Kyogen

室町時代初期（14世紀）に出来上がった歌舞劇で、二人から数人で、華麗な衣装と仮面をつけて演じる古典芸能。狂言は、ユーモアにあふれたセリフ主体の劇である。★

Noh is a classic theatrical art incorporating music, dances and plays that was established at the beginning of the Muromachi period (14th century). It is played by two or more performers wearing colourful costumes and masks. Kyogen is comedic drama that consists mainly of spoken lines.

★歌舞伎、能楽、人形浄瑠璃は、ユネスコの無形文化財に登録されている＝Kabuki, Noh, Ningyo Jooruri (a puppet theater) are registered with UNESCO as intangible cultural assets.

日本の家族
Japanese family

生を受け、その生涯を終えるまでに、自分の家族の幸せや長寿を願い、さまざまな行事が行われる。

There are many traditional events to wish happiness and long life for oneself and one's family.

誕生日おめでとう!
Happy birthday!
ハピィ バースデイ

ありがとう!
Thank you!
タンキュ

[結婚式] Kekkonshiki
決まった宗教を持たない人が多い日本では、結婚式の形式も特定の宗教に捕われないことが多い。古来より神前結婚式が多数を占めていたが、最近はキリスト教式の結婚式を選ぶ人も多い。
In Japan, where many people are not actively religious, many wedding ceremonies do not reflect any particular religion. While many ceremonies are traditionally held at a shinto shrine, recently more and more couples are choosing Christian weddings.

男性25、42、61歳
女性19、33、37歳

男性30.4歳、女性28.6歳
(平均婚姻年齢) ※1

60歳

[還暦] Kanreki
一定の年齢に達した高齢者に対し、長寿のお祝をする。例えば、数え年での61歳を還暦といい、家族が赤い頭巾やちゃんちゃんこを贈る風習がある。
There are several customs for celebrating long life for senior citizens who have come to certain ages. For example, the 61st year of a person's life is called kanreki. It is customary for the family to give a red hood or sleeveless kimono jacket to family members when they reach this age.

[厄年] Yakudoshi ※3
厄年とは病気や事故、身内の不幸といった災いが降りかかりやすい年齢のこと。
Yakudoshi is the age when one is believed to be at risk of injury, illness, accidents or encountering misfortune such as having a death in one's family. Many people go to a shrine to offer a prayer against this.

男性79.6歳、女性86.4歳
(平均寿命) ※2

[葬式] Soshiki
日頃あまり宗教的ではない日本人も、葬式においては多分に宗教的である。そのほとんどが仏教式。
Although Japanese do not seem to be particularly concerned with religion in their daily lives, they strictly follow religious rites in funerals. Most of the funerals in Japan are conducted according to Buddhist beliefs.

[法要] Hoyo
葬式が終わったあとも、死者が往生して極楽(キリスト教における天国)に行けるよう、生きている人が供養を行う。初七日、四十九日、一周忌が特に重要とされている。
After the funeral, the breaved family and relatives conduct Buddhist memorial services so that the spirit of the dead can be at peace and go to the Buddhist paradise (similar to heaven in Christianity). The memorial services conducted on the 7th day, 49th day and one year after the death are considered especially important.

※1、2は2009年厚生労働省人口動態統計に拠る

私の国を紹介します / Let's talk about Japan!

[帯祝い] Obi iwai
妊娠して5カ月目の、干支でいう戌の日に、妊婦の実家が腹帯を贈る行事。戌の日に行うのは多産な犬にあやかり、安産を祈ることに由来する。
During the fifth month of their pregnancy, pregnant women are given a sash from their parents on the Day of the Dog in the Oriental Zodiac. This event is conducted on the Day of the Dog because the dog's fertility symbolizes an easy delivery.

[お宮参り] Omiya mairi
赤ちゃんの誕生を祝い、元気な成長を願って、男の子は生後30日目、女の子は生後33日目に住んでいる土地の神社にお参りする。
The family of the newborn infant takes the baby to a Shinto shrine — where the local Shinto deity (ujigami) is enshrined — to celebrate the child's birth and pray for its healthy growth. This ceremony is conducted 30 days after birth for boys and on the 33rd day for girls.

誕生前 ▶ 生後30〜33日 ▶ 3歳 ▶ 5歳 ▶ 7歳

[七五三] Shichi go san
子供の健やかな成長を願って、男の子は3歳と5歳、女の子は3歳と7歳のときに神社にお参りをする。
People take their children to a shrine to pray for their healthy growth. This is done with boys three and five years old, and girls when they are three and seven years old.

20歳 ◀ 18歳〜 ◀ 16〜18歳 ◀ 6〜15歳
大学／専門学校　高等学校　小〜中学校

[成人の日] Seijin no hi
満20歳になった人を成人として認める儀式。1月の第2月曜日に、各地の自治体では記念の式典が行われる。満20歳になると選挙権が得られる。また、飲酒、喫煙も許される。
"Seijin no hi" is a ceremony for people who have turned 20 to officially recognize them as adults. On the second Monday in January, each local government holds a celebratory ceremony. As legal adults at age 20, they can vote, smoke and drink alcohol.

[進学] Shingaku
幼稚園、小学校、中学校、高校、大学を経て就職するまで、子供の教育に必死になる親は多い。
Many parents worry about their children's education, from their primary education to university.

現代家族の形態

[核家族] Kaku kazoku
日本で主流になっている家族形態。かつては若年層世帯の多い都市部に多かったが、現在では過疎化の進む地方でも目立つ。
The typical form of Japanese family today. Nuclear families used to be more common in large cities, where there were many young households. Today, they are also noticeable in rural regions where populations are declining.

[共働き] Tomobataraki
結婚しても、夫と妻の双方が仕事を続ける場合が多く、その場合子供を持たない夫婦をDINKSとよぶ。
Many couples continue working after they get married. Couples that don't have children are called DINKS (Double Income No Kids).

[パラサイトシングル] Parasite single
一定の収入があっても独立せず、結婚適齢期を過ぎても親と同居し続ける独身者のことをいう。
Single adults who earn steady incomes but are not willing to be independent and continue living with their parents even in their marriageable age.

※3　厄年は数え年（満年齢に1つ足す）で表される

日本の料理
Japanese food

現代の日本では、あらゆる国の料理を楽しむことができるが、ここでは日本の代表的な料理をいくつか紹介する。

While food from all over the world is available in Japan today, many Japanese traditional dishes are still very popular.

いただきます！
Itadakimasu※

ごちそうさま
Gochisosama※

[刺身] Sashimi

新鮮な魚介類を薄切りにして盛り付けたもの。普通、ワサビを薬味にして醤油につけて食べる。

Sashimi is thin slices of fresh raw fish arranged on a plate. It is usually accompanied by wasabi and dipped in soy sauce before being eaten.

[すし] Sushi

砂糖を混ぜた酢で調味した飯（すし飯）にさまざまな魚介類を薄切りにして載せたもの。

Sushi is made by placing thin slices of various seafood on top of rice seasoned with sugared vinegar (sushi meshi).

[すき焼き] Sukiyaki

鉄鍋を使い、牛肉の薄切り肉と豆腐、しらたき、野菜などを卓上コンロで煮ながら食べる。

Sukiyaki is a dish of thinly sliced beef, tofu, shirataki (noodles made from konnyaku starch) vegetables, etc., cooked in a cast-iron pot at the table using a portable cooking stove.

[天ぷら] Tempura

野菜や魚介類に衣をつけて油でからりと揚げた料理。

Tempura is vegetables and seafood dipped in koromo (batter) and deep-fried.

[しゃぶしゃぶ] Shabu-shabu

薄く切った牛肉を沸騰した昆布だしの鍋にさっとくぐらせ、たれにつけて食べる。

Shabushabu is a dish of thinly sliced beef dipped briefly in boiling kelp-based stock and eaten with special sauces.

[鍋もの] Nabemono

大きな鍋で野菜や魚介類などを煮ながら食べる。材料や味付けによってさまざまな鍋がある。

Nabemono is the collective name for hotpot dishes containing vegetables and seafood that are cooked at the table. There are many kinds of nabemono with different ingredients and seasonings.

※日本人はいつも、食事の前には「いただきます」、食べ終わったら「ごちそうさま」と言う。
Japanese always say "itadakimasu" before meals, and "gochisosama" after eating.

[会席料理] Kaisekiryouri

酒宴のときに出される上等な日本料理。西洋料理のフルコースのように一品ずつ順に料理が運ばれる。季節に合った旬の素材が美しく調理される。

Kaiseki ryori is a highly refined Japanese cuisine served at dinner parties. Dishes are served one by one just like a full-course dinner in Western cuisine. Ingredients are often selected according to the season.

[麺類] Menrui

そば粉に小麦粉、水などを加えて練り細く切ったそばと、小麦粉を練って作るうどんは日本の伝統的な麺類。

Soba are thin noodles made from a mixture of sobako (buckwheat flour), wheat flour, water, etc., and udon is made by kneading wheat flour dough. These two are the traditional noodles of Japan.

私の国を紹介します
Let's talk about Japan!

[おでん] Oden

醤油のだし汁で、魚の練り製品や大根、ゆで玉子などを数時間煮込んだもの。

Oden is the collective name given to a type of food where various ingredients such as fish cakes, Japanese radish, and boiled eggs are cooked and simmer in a soy sauce-based stock for several hours.

[お好み焼き] Okonomiyaki

小麦粉に水と卵を加え、その中に野菜、魚介類、肉などを混ぜたものをテーブルにはめ込んだ鉄板で焼いて食べる。

Okonomiyaki is a type of pancake made by cooking a batter of flour, water and egg mixed with various ingredients such as vegetables, seafood, and meat on a hot plate built into the table.

[定食] Teishoku

家庭的なおかずとご飯と味噌汁をセットにしたメニューで、学生から社会人までランチメニューとして人気。

A menu selection popular among both students and adults, teishoku is a meal where a home-cooked main dish is provided along with rice and miso (a soybean paste) soup.

[焼き鳥] Yakitori

一口大に切った鶏肉や牛、豚の臓物を串に刺してあぶり焼きにする。甘辛いたれをつけたものと塩味のものが選べる。

Yakitori consists of small pieces of chicken, beef and pork skewered on bamboo and grilled. You can ask for tare (flavoured with a soy-based sauce) or shio (seasoned with salt).

食事のマナー / Table manners

ご飯、汁物を食べるときは、茶碗、汁椀を胸のあたりまで持ち上げる。

It is good manners to lift dishes to chest-level when eating rice or drinking soup.

刺身の盛合せや漬物など共用の箸が添えられているものには、その箸を使って少量を自分の皿に取り分ける。

When eating sashimi or tsukemono (pickles) served in a dish with an extra pair of chopsticks, use those chopsticks to serve yourself.

汁物を食べるときは椀や器に直接口をつけて静かに食べる。

Sip soup and liquid dishes straight from the bowl without making slurping noises.

茶碗のご飯は最後のひと粒まで残さず食べる。食べ終わったら箸をきちんと箸置きにおいて、食べ始めの状態に戻す。

It is customary in Japan to eat all of the rice in your bowl, down to the last grain. When you have finished your meal, place your chopsticks on the chopstick rest as they were when you started.

これらは、食事を作ってくれた人への感謝の気持ちを表す言葉である。
Both words are expressions of thanks to the person who prepared the meal.

日本の生活
Life in Japan

すまい
Housing

日本の住居は独立した一戸建てと、複数の住居が一棟を構成する集合住宅とに大別される。地価の高い都心では庭付きの一戸建てに住むのは難しく、マンションなどの集合住宅が人気。

Japanese housing can be separated into two categories, individual homes and apartment style living. The latter is more common in large cities where the cost of living is prohibitively expensive.

イギリスにも○○はありますか？

Do you have ○○ in Britain? (UK, England)?

ドゥ ユ ハヴ ○○ イン ブリトゥン♪

[和室] Japanese room

伝統的な日本特有の部屋。床はイグサで作られた畳を敷き詰め、空間は、紙と木で作られた障子で仕切られている。靴、上履きのような履物は脱いで入る。

The typical Japanese interior includes floors covered with mats made of straw, with rooms divided by sliding doors made from wood and paper. Shoes are taken off before entering a Japanese home.

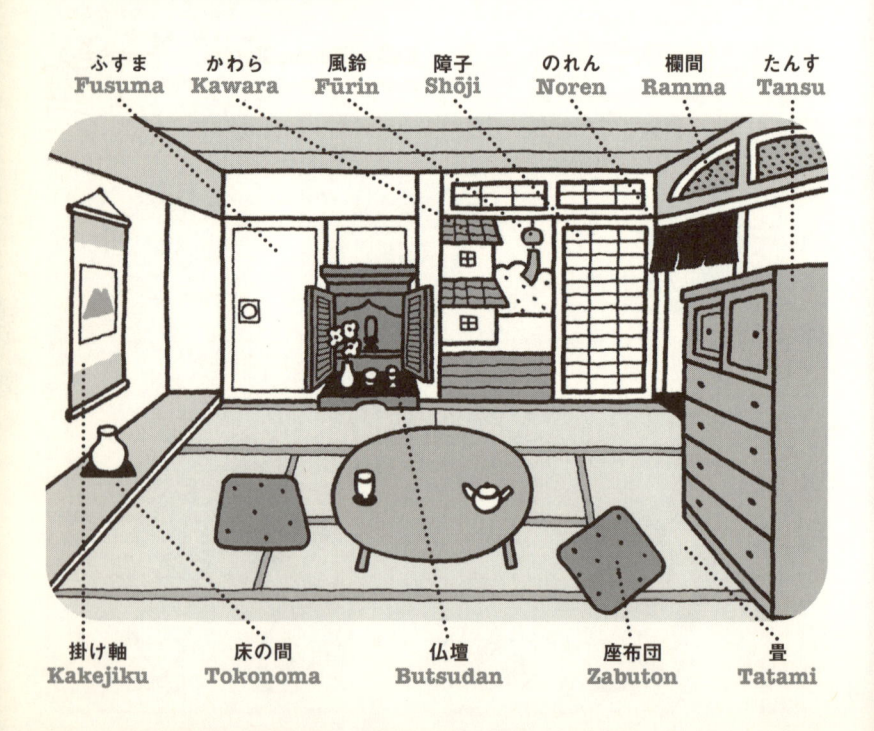

日本語	Romaji
ふすま	Fusuma
かわら	Kawara
風鈴	Fūrin
障子	Shōji
のれん	Noren
欄間	Ramma
たんす	Tansu
掛け軸	Kakejiku
床の間	Tokonoma
仏壇	Butsudan
座布団	Zabuton
畳	Tatami

★畳には独特なよい香りがあり、和室にいると心が落ち着きます＝In a Japanese style room, the tatami has a special smell that helps you to relax.

娯楽
Goraku

私の国を紹介します
Let's talk about Japan!

[プリクラ] Purikura

設置された画面を操作しながら写真を撮り、数十秒でシールにできる機械。特に女子学生に人気。

An automatic photo-booth in which customers operate keys or a touch screen to take photos of themselves. The photos are printed on small stickers in less than a minute. Purikura ("print club") are especially popular among schoolgirls.

[カラオケ] Karaoke

街のいたるところにカラオケ店があり、老若男女に楽しまれている。

There are karaoke places all around town and men and women of all ages enjoy singing karaoke.

[パチンコ] Pachinko

パチンコは、大人向けの娯楽の代表である。遊ぶことができるのは18歳から。機種ごとにルールは異なる。玉がたくさんたまったら景品に交換できる。

"Pachinko" is one of the most popular amusements for adults in Japan. You have to be over 18 years old to play pachinko. Rules vary depending on the type of machines. It is kind of a mixture between slots and pinball. If you win enough balls, you can exchange them for prizes.

[ゲームセンター] Game Centre

さまざまなゲーム機器が揃っている遊技施設。子供だけではなく、学生やサラリーマンが楽しむ姿も多くみられる。

An amusement arcade with a variety of video game machines. Not only children but also students and professionals enjoy playing video games at these facilities.

[麻雀] Mah-jong

1920年代に中国から伝わったゲーム。最初に13個の牌を持ち、トランプのように引いては捨て、を繰り返し、決まった組合せを考える。

Mah-jong is a game which was introduced into Japan from China in the 1920s. Each player has thirteen tiles (pai) to start with. They draw and discard tiles in turn to group their tiles into certain prescribed combinations, just as when playing cards.

[マンガ喫茶] Manga kissa

一定の料金を支払えば、ドリンクや軽食と共にマンガや雑誌を閲覧できる店。インターネットや仮眠施設を備えているところも多い。

A manga kissa is a café in which you can read comic books and magazines while enjoying drinks and snacks. Many manga kissa provide internet access and private booths for relaxing.

[競馬・競輪・競艇] Keiba/Keirin/Kyotei

日本で法的に認められているギャンブル。競馬は国内に点在する競馬場や場外売り場で馬券を購入できる。

Horse, bicycle and motorboat racing are the legal forms of gambling in Japan. You can buy tickets to bet on these races at race tracks located across the country and off-track betting booths.

[温泉] Onsen

世界有数の火山国である日本には温泉が数多くある。泉質によってさまざまな効能があるが、何よりゆったりリラックスできるので多くの人が休日を利用して温泉を訪れる。

As Japan is one of the most volcanically active countries in the world, it has many onsen, or hot springs. It is said that onsen have various therapeutic effects depending on the qualities of the water, but above all, they are comfortable and relaxing. Many people visit onsen on weekends and holidays.

★○○で楽しんだことがありますか？=Have you ever been to ○○? Did you enjoy it?

column ～「イギリス流」マスターへの道～

イギリス式ライフスタイル

学校・教育

教育システムはイングランド＆ウェールズとスコットランドでの地域差、さらに各地域内でも公立と私立では初等・中等学校の開始年齢や枠組みが異なり、かなり複雑。そこで、最も人口の多いイングランドとウェールズの公立学校を例にしてみよう。

日本の小学校にあたるのがプライマリー・スクール（primary school）で9月の時点で6歳に達している児童が入学をし、その後6年間を過ごす。ただその前にレセプション・クラス（reception class）という小学校予備クラスが2または3学期（生まれ月によって選べる）あるので実際には5歳から小学生ということに。ちょっと早すぎるのでは、という国民の意見も多い。

その後は総称してセカンダリー・スクール（secondly school）と呼ばれる5年間の中・高校一貫校に進むが、公立では2つの選択がある。ひとつは無試験で入学できる総合学校、コンプリヘンシブ・スクール（comprehensive）。もうひとつは選抜入学のグラマー・スクール（grammar）で、後者の方が大学進学率が高い。どちらの場合でも卒業前にGCSEという全国共通の試験を受けることが義務付けられている。

卒業後の進路は就職、または専門学校や大学進学だが、大学の場合さらに2年間入学準備としてシックスフォーム校（6th form）に通い、志望学科に合わせた科目のみを履修する。卒業時に受けるAレベル試験の結果で入学できる大学が決まり個別の大学入試はないのが一般的（オックスフォードやケンブリッジは別）。

このように、イギリスの教育は多くの教科を広く浅く学習する日本と比べると、かなり早いうちから専門的な教育を受けることが特徴。個性重視であるといえるが、近年の公立学校などでは日本やアメリカのような総合教育を奨励する傾向もある。

結婚・家庭

女性の場合専業主婦の割合は低く、結婚後も仕事を続ける女性が大多数。一方、離婚率も非常に高く、一説には全体の3分の1から半分ともいわれ、単親家庭は珍しくない。また、結婚前に同居を開始することも多い。最近は結婚という形式に囚われず、子供がいても未婚のまま同居するカップルも増えていることから、現在はこうしたカップルが別れる場合、離婚する夫婦と同様に財産分与や慰謝料請求などを合法的にできるよう法改正が進んでいる。また両親が未婚の場合、親子で苗字が異なる場合もあるが特に珍しいことではないため、子供が差別を受けたりすることはまずないといっていい。同性同士の結婚（civil partnership）も認められており、結婚や家族関係は多様でオープンだ。

仕事

終身雇用という概念はなく、また年齢給もないため人々は一生のうちに何度か職場を代わり、収入やポジションをステップアップしていく。ただ、教育の部分でも触れたようにかなり若いうちから専門化しているため、1つの分野でのエキスパートが多い。また、企業側も採用時は経験を重視するため、まったくの異業種・異分野への転職はほぼ不可能といってもいい。その代わり、方向転換を目指す人は社会人になってから再びフルまたはパートタイムで学生となり、新たな資格や学位を取得してから転職することも可能。一生同じ仕事しかできないというわけではない。

イギリスで会話を楽しむための基本情報が満載

知っておこう

イギリスまるわかり ──────────── 126
イギリス英語が上達する文法講座 ─────── 128
イギリスにまつわる雑学ガイド ─────── 132
英語で手紙を書こう！ ──────────── 135
50音順イギリス英語単語帳(日本語→イギリス英語)── 136

イギリスまるわかり

イギリス The united Kingdom of Great Britain and Northern Ireland

国のあらまし　イギリス　VS　日本

	イギリス	日本
面積	約24万4820km²	約37万8000km²
人口	約6176万人（2010年）	約1億2752万人（2010年）
国歌	ゴッド・セーブ・ザ・クイーン	君が代
国花	バラ（イングランド）	桜
首都	ロンドン（人口約774万人、2010年）	東京（人口約1316万6000人、2010年）
公用語	英語	日本語

＞イギリスは日本の3分の2の広さ

※イギリスの人口は国立統計局のデータ

イギリス　旅のヒント

【時差】
イギリスには世界標準時を決めるグリニジ天文台があるため、イギリスの標準時は世界標準時の±0。日本との時差は－9時間で、日本が正午のとき、イギリスは同日の午前3時。3月最終日曜の午前2時～10月最終日曜の午前2時はサマータイム期間となり、時計が1時間進められる。

【通貨】
ポンド£1＝ペンスp100
£1＝120円（2011年12月現在）

【電圧】
240ボルト／50ヘルツ。日本（100ボルト／50～60ヘルツ）とは異なるので日本の家電製品を使う場合は変圧器とアダプター（BFタイプ）が必要。

【チップ】
サービスに対する感謝の気持ちとしてチップの習慣がある。目安は以下の通り。
レストラン：料金の10～15％（サービス料が勘定書に含まれている場合は不要）
タクシー：料金の10～15％
ホテル：ルームメイド、ルームサービス£1～2
ベルボーイ、ポーターは荷物1個につき£1～2

【郵便】
日本への郵便料金はハガキ£0.76、封書（10gまで）£0.76。切手は郵便局の窓口や自動販売機のほか、駅売店などでも手に入る。航空便はポストの"First Class and Abroad"と書かれた投函口へ。ホテルのフロントにも頼める。日本へは航空便の場合、約1週間で届く。

温度比較

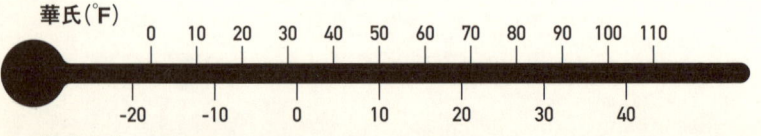

華氏（°F）： 0　10　20　30　40　50　60　70　80　90　100　110
摂氏（°C）： －20　－10　0　10　20　30　40

温度表示の算出の仕方　°C＝（°F－32）÷1.8　　°F＝（°C×1.8）＋32

★イギリスの国花は、イングランドのバラのほか、ウェールズはラッパ水仙、スコットランドはアザミ

度量衡

長さ

メートル法		ヤード・ポンド法				尺貫法			
メートル	キロ	インチ	フィート	ヤード	マイル	海里	寸	尺	間
1	0.001	39.370	3.281	1.094	-	-	33.00	3.300	0.550
1000	1	39370	3281	1094.1	0.621	0.540	33000	3300	550.0
0.025	-	1	0.083	0.028	-	-	0.838	0.084	0.014
0.305	-	12.00	1	0.333	-	-	10.058	1.006	0.168
0.914	0.0009	36.00	3.00	1	0.0006	0.0004	30.175	3.017	0.503
1609	1.609	63360	5280	1760	1	0.869	53107	5310.7	885.12
0.030	-	1.193	0.099	0.033	-	-	1	0.100	0.017
0.303	0.0003	11.930	0.994	0.331	0.0002	0.0002	10.00	1	0.167
1.818	0.002	71.583	5.965	1.988	0.001	0.0009	60.00	6.00	1

重さ

メートル法			ヤード・ポンド法		尺貫法		
グラム	キログラム	トン	オンス	ポンド	匁	貫	斤
1	0.001	-	0.035	0.002	0.267	0.0003	0.002
1000	1	0.001	35.274	2.205	266.667	0.267	1.667
-	1000	1	35274	2204.6	266667	266.667	1666.67
28.349	0.028	0.00003	1	0.0625	7.560	0.008	0.047
453.59	0.453	0.0005	16.00	1	120.958	0.121	0.756
3.750	0.004	-	0.132	0.008	1	0.001	0.006
3750	3.750	0.004	132.2	8.267	1000	1	6.250
600.0	0.600	0.0006	21.164	1.322	160.0	0.160	1

面積

メートル法		ヤード・ポンド法		尺貫法		
アール	平方キロメートル	エーカー	平方マイル	坪	反	町
1	0.0001	0.025	0.00004	30.250	0.100	0.010
10000	1	247.11	0.386	302500	1008.3	100.83
40.469	0.004	1	0.0016	1224.12	4.080	0.408
25906	2.59067	640.0	1	783443	2611.42	261.14
0.033	0.000003	0.0008	-	1	0.003	0.0003
9.917	0.00099	0.245	0.0004	300.0	1	0.100
99.174	0.0099	2.450	0.004	3000.0	10.000	1

体積

メートル法			ヤード・ポンド法		尺貫法		
立方センチ	リットル	立方メートル	クォート	米ガロン	合/升/斗		
1	0.001	0.000001	0.0011	0.0002	0.006	0.0006	0.00006
1000	1	0.001	1.057	0.264	5.543	0.554	0.055
-	1000	1	1056.8	264.19	5543.5	554.35	55.435
946.35	0.946	0.0009	1	0.25	5.246	0.525	0.052
3785.4	3.785	0.004	4.00	1	20.983	2.098	0.210
180.39	0.180	0.00018	0.191	0.048	1	0.100	0.010
1803.9	1.804	0.0018	1.906	0.476	10.00	1	0.100
18039	18.04	0.018	19.060	4.766	100.00	10.00	1

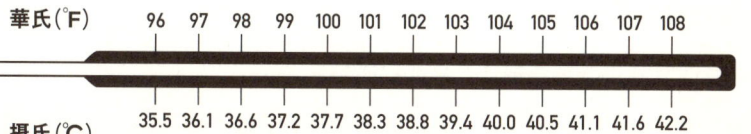

華氏(°F)	96	97	98	99	100	101	102	103	104	105	106	107	108
摂氏(°C)	35.5	36.1	36.6	37.2	37.7	38.3	38.8	39.4	40.0	40.5	41.1	41.6	42.2

イギリス英語が上達する文法講座

講座1　イギリス英語の基本について知っておこう

■アルファベット
イギリス英語では以下の26のアルファベットを使用する。

a	b	c	d	e	f	g	h	i	j	k	l	m
エイ	ビー	スィー	ディー	イー	エフ	ジー	ヘイチ	アイ	ジェイ	ケイ	エゥ	エム

n	o	p	q	r	s	t	u	v	w	x	y	z
エヌ	オウ	ピー	キュー	アー	エス	ティー	ユー	ヴィー	ダブリュー	エクス	ワイ	ゼッド

■発音
　イギリス英語では、r（アー）の発音がアメリカ英語のような舌を巻いた発音にならず、単純に「アー」と伸ばせばいい。t（ティー）もアメリカ英語のラ行のような音ではなく、little（リトゥ）、better（ベター）のようにはっきり発音する。a（エイ）は日本語の「ア」、o（オウ）は「オ」に近い発音で、castle（カースゥ）、can't（カーント）、hot（ホット）、top（トップ）などとなる。often（オフトゥン）、schedule（シェジューゥ）などアメリカ英語とはまったく違う発音の語もある。

■綴り
イギリス英語は、アメリカ英語とは異なる綴りが使われる。
①e（イー）とr（アー）の順番が変わる場合。
例：（米）theater（スィアタァ）「劇場」→（英）theatre（スィアター）
②o（オー）をou（オーユー）と綴る場合。
例：（米）labor（レイバァ）「労働」→（英）labour（レイバー）
③iz（アイゼッド）をis（アイエス）と綴る場合。
例：（米）organization（オァガナイゼイション）「組織」→（英）organisation（オーガナイゼイシュン）
④l（エゥ）をll（ダブゥエゥ）と綴る場合。
例：（米）Traveling（トラヴェリング）「旅する」→（英）Travelling（トゥラヴェリング）
そのほかに、「小切手」のcheck（チェック）をcheque（チェック）とするなど、独特の綴り方もある。

■母音と子音
　英語の母音はa（エイ）, i（アイ）, u（ユー）, e（イー）, o（オウ）の5つで表現される。それ以外が子音。母音と子音を区別することは、次頁で紹介する不定冠詞a（ア）やan（アン）の使い分けにも関わってくる重要なポイントなので、よく覚えておこう。

■数えられる名詞と数えられない名詞
　pen（ペン　ペン）、mountain（マウンテン　山）など、人やものの名前を表すのが名詞だが、英語には数えられる名詞と数えられない名詞がある。例えば、book（ブック　本）は1冊、2冊と数えられるが、water（ウォーター　水）は1つ、2つとは数えられない。

■代名詞と活用

英語には人やものを表す代名詞がある。日本語の「私、あなた、彼、それ」などにあたる言葉が代名詞。旅行英会話でもよく使うので、以下のリストでまとめて覚えておこう。

●人称代名詞

	主格 ～は	所有格 ～の	目的格 ～を	所有代名詞 ～のもの
私	I アイ	my マイ	me ミー	mine マイン
私たち	we ウィー	our アゥア	us アス	ours アゥアズ
あなた／あなたたち	you ユー	your ヨー	you ユー	yours ヨーズ
彼	he ヒー	his ヒズ	him ヒム	his ヒズ
彼女	she シー	her ハー	her ハー	hers ハーズ
それ	it イット	its イッツ	it イット	
彼ら／彼女ら／それら	they ゼイ	their ゼアー	them デム	theirs ゼアーズ

■単数／複数と不定冠詞

英語では、数えられる名詞には a/an（ア／アン 1つの）または -s（ス／ズ 複数を表す）をつける。

数えられるものがひとつある場合、その言葉の前には a（ア） あるいは an（アン）という不定冠詞がつく。どちらも「1つの」という意味で、次のような使い方をする。

a をつけるもの		an をつけるもの	
a book（ア ブック）	1冊の本	an apple（アン アプゥ）	1個のリンゴ

表の右側の apple（アプゥ）には、左側の単語とは異なり、an がついているが、これは apple が英語の母音（a, i, u, e, o）で始まっているから。

また、ものが1つではなく、複数ある場合には単語の前に a（ア）や an（アン）をつけるのではなく、次の例のように、単語の前には数をあらわす語、単語の最後には -s（ス／ズ 複数の s）をつけて表現する。

two books（トゥー ブックス）	2冊の本	three books（スリー ブックス）	3冊の本

英語は数を大事にする言葉なので、できるだけこれらの a（ア）や an（アン）、-s（ス／ズ）などのルールを守って話すよう心がけよう。

■定冠詞

名詞の前につく英語の冠詞には、すでに述べた不定冠詞（a／an ア／アン）のほかに、もうひとつ定冠詞の the（ダ／ディ）がある。the（ダ／ディ）は世の中にひとつしかなくだれでもすぐにそれだとわかるものや、その場ですでに話題に上がっていたり、すでにみんなに共通して認識されている単語などの前につく。例えば、太陽は世の中にひとつしかないので the sun（ダ サン）となり、ある本をだれかが話題にした後、もう一度「その本」と言うときにも the book（ダ ブック）と表現すれば OK。

●the（ダ／ディ）の発音は2種類

the supermarket（ダ スーパーマーケット）	そのスーパー	次の単語が子音で始まるときは「ダ」と発音する
the airport（ディ エアポート）	その空港	次の単語が母音で始まるときは「ディ」と発音する

講座2　文章の構造について知っておこう

■基本の語順（平叙文）

英語は日本語とは違い、語順をしっかり守る言語だ。日本語では「僕、食べたよ、その梅干しをね」と言っても、「僕はその梅干しを食べたよ」と言っても、あまり問題はないが、英語ではそうはいかない。まずは「〜が」と動作の主体になる人やもの（主語）を話し、次に「どうする」や「である」などの動詞を、さらに「〜を」「〜」などにあたる目的語や補語を話す。

1.主語＋動詞＋目的語（〜を）	2.主語＋動詞＋補語（〜）
私は　好きだ　あなたが I　love　you. アイ　ラヴ　ユ **私はあなたが好きです**	私は　です　学生 I　am　a student. アイ　アム　ア ステューデント **私は学生です**

■be（ビー）動詞は主語によって変化する

be（ビー）動詞は、主語や時制によって形が変わるので注意が必要だ。例えば「私は〜です」ならI am〜（アイ　アム）となりbe（ビー）動詞はam（アム）を使うが、主語のI（アイ）がyou（ユー）に変わるとbe動詞はare（アー）、he（ヒー）ならis（イズ）のように変化する。

●be動詞の活用		1人称	2人称	3人称
現在	単数	I am 〜 アイ　アム	You are 〜 ユ　アー	He(She/It) is 〜 ヒ (シ/イット) イズ
現在	複数	We are 〜 ウィ　アー	You are 〜 ユ　アー	They are 〜 ゼイ　アー
過去	単数	I was 〜 アイ　ワズ	You were 〜 ユ　ワー	He(She/It) was〜 ヒ (シ/イット) ワズ
過去	複数	We were 〜 ウィ　ワー	You were 〜 ユ　ワー	They were 〜 ゼイ　ワー

■たずねる形（疑問文）

英語でものをたずねるときは、2種類のルールで平叙文を変形する。

動詞がbe（ビー）動詞の場合と、その他の動詞（一般動詞）の場合で違ったルールがある。ほかにも疑問詞（→P100）を用いて疑問文を作成する方法があるが、ここでは説明を省略する。

■一般動詞の疑問文の作り方

文の最初にDo（ドゥー）やDoes（ダズ）をつけ加える。

平叙文	You have a camera. ユ　ハヴ　ア　キャメラ	あなたはカメラを持っています
疑問文	<u>*Do*</u> you have a camera? ドゥ　ユ　ハヴ　ア　キャメラ♪	あなたはカメラを持っていますか？
平叙文	Mike plays football. マイク　プレイズ　フットボウゥ	マイクはフットボールをします
疑問文	<u>*Does*</u> Mike play football? ※ ダズ　マイク　プレイ　フットボウゥ♪	マイクはフットボールをしますか？

※plays（プレイズ）のs（3人称単数のsと言う）がなくなることにも注意しよう。3人称単数とは「私」「あなた」以外でひとりだけの人やもののときを指す。例えば、「マイク」「彼」「彼女」、「それ」「あれ」などはすべて3人称単数だが、これらが主語のとき、一般動詞には -s をつけるというルールがある。疑問文にするときには、その -s がなくなってしまう。

■be 動詞の疑問文の作り方

be 動詞を文の頭に移動する。

平叙文	You ユ	<u>are</u> アー	a student. ア ステューデント	あなたは生徒です
疑問文	<u>Are</u> アー	you ユ	a student? ア ステューデント♪	あなたは生徒ですか？
平叙文	Mike マイク	<u>is</u> イズ	her friend. ハー フレンド	マイクは彼女の友達です
疑問文	<u>Is</u> イズ	Mike マイク	her friend? ハー フレンド♪	マイクは彼女の友達ですか？

■打ち消す形（否定文）

英語でなにかを打ち消す場合には、否定文の形にする。否定文とは「〜ではない」「〜しない」という日本語にあたる文。否定文を作るときも、疑問文のときと同じく、動詞が一般動詞か be（ビー）動詞かによって、ルールが異なる。

■一般動詞の否定文の作り方

動詞の前に don't（ドゥント）か doesn't（ダズント）をつける。

平叙文	You ユ	have ハヴ		a camera. ア キャメラ	あなたはカメラを持っています
否定文	You ユ	<u>don't</u> ドゥント	have ハヴ	a camera. ア キャメラ	あなたはカメラを持っていません
平叙文	Mike マイク	plays プレイズ		football. フットボウゥ	マイクはフットボールをします
否定文	Mike マイク	<u>doesn't</u> ダズント	play プレイ	football.※ フットボウゥ	マイクはフットボールをしません

※否定文でも、疑問文のときと同じく、plays（プレイズ）についていた s（ズ　3人称単数のs）がなくなることに注意しよう。

■be（ビー）動詞の否定文の作り方

be（ビー）動詞のうしろに、打ち消しの not（ノット）をつける。

平叙文	You ユ	are アー		a student. ア ステューデント	あなたは生徒です
否定文	You ユ	are アー	<u>not</u> ノット	a student.※ ア ステューデント	あなたは生徒ではありません
平叙文	Mike マイク	is イズ		her friend. ハー フレンド	マイクは彼女の友達です
否定文	Mike マイク	is イズ	<u>not</u> ノット	her friend.※ ハー フレンド	マイクは彼女の友達ではありません

※are not（アー　ノット）は多くの場合 aren't（アーント）、is not（イズ　ノット）は多くの場合 isn't（イズント）と短縮されて話される。

　ここで紹介したのは英語のルールのごく一部だが、旅先でもかんたんな会話ができるように、まずはいくつか自分で文を想像して、口に出す練習をしてみよう。

イギリスにまつわる雑学ガイド

1. 発明・発祥 クリエイティブなイギリス人

イギリス人による"発明"は広い分野で知られているが、今や世界の発明家たちが広く活躍しており、イギリスにおける発明・発祥は一体なんなのかが薄れつつある。まず忘れてはいけないのが、学問の世界におけるダーウィンの進化論、ニュートンの重力。また、スポーツ界ではWarwickshire（ウォーリック州）の町の地名でもあるラグビー。そのほか、フットボール（サッカー）、クリケット、ゴルフ、テニス、F1レース、社交ダンス（英語名はballroom dance）など。ただ、これらのスポーツも発祥としては名高いものの、現在ではアメリカやヨーロッパ諸国など外国人プレイヤーがそれぞれ大活躍していることから、強さや順位では最高位に届いていないのが残念。とはいえ、どれも世界観を変える発明・発祥であり、その功績はすばらしい。

このほかにも電話（ベルは1847年エジンバラ生まれ）、蒸気船、鉄道、ボーイスカウトからサンドイッチ伯爵のサンドイッチ、新しいものではインターネットまでどれもイギリス生まれ。そして身近なところでは、音楽やファッション、芸術の分野では常に世界をあっといわせてくれるのがクリエイティブなイギリスの人々だ。

2. ギャップ・イヤー（Gap Year）〜可愛い子には旅をさせろ！

シックス・フォーム（P124参照）と大学入学までの1年の期間がGap Year。通常は6月に卒業後、10月に大学入学となるが、事前に大学に届けを出せば入学を1年間遅らせることができる。この期間の過ごし方はさまざま。アルバイトをして貯めたお金で世界中をバックパックで旅行したり、あるいはウィリアム王子やハリー王子を見習ってなのか、最近はアフリカや南米などかなり遠くまでボランティア活動をしに行く学生も増えている。気候もよく、英語も通じるためか近年の一番人気はオーストラリアだそう。

昔からイギリスでは"旅をする（travelling）＝人生経験を積むため重要なこと"と考えられており、日本の大学生の卒業旅行より期間も長く、若者らしい節約旅行であることが特徴。また、旅に出ない場合は、これから学ぼうとする分野の企業にインターンとして働いたり、アルバイトで自分の今後の学費を稼いだりする真面目な学生も多い。

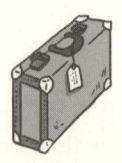

3 ちょっとおもしろい イギリス的言い回し

「It's not cricket !」

イギリスといえば浮かぶスポーツのひとつがクリケット。紳士のスポーツの代名詞でもあり、ゲームの最中にもティータイムがあるというから驚く。バットの形に特長がある"英国式野球"といったようなスポーツで、そののんびりとした試合風景はイギリスの絵ハガキや絵画などでもよく描かれている。日本ではあまり馴染みのないスポーツではあるが、イギリスをはじめ、オーストラリア、カリブ諸島、パキスタンなど旧大英帝国諸国ではラグビーやフットボールと並ぶ人気ぶりだ。イギリスでは、クリケットは"公平さ"の象徴の1つと言われており、It's not cricket.というフレーズさえあるほど。これは、"クリケットではない＝不公平、反則"といった意味になるので覚えておきたい。だが反対に、公平な場合においてはIt's cricket.と言うことはないことも同時に覚えておこう。

「It's not my cup of tea !」

これも、伝統ある紅茶の国だからこそ生まれた独特の表現。紅茶を愛するイギリス人にとって、my cup of teaは、"私のティー＝お気に入り、大好きなもの"の意味。クリケットの場合と同様に、何かが自分の好みではないという否定形の表現になる。例えば、How about this pattern?（この柄はどう？）と聞かれて、It's not my cup of tea（う～ん、ちょっと好みじゃないかな）と答えるといった具合。イギリス人の日常会話に耳を傾けてみると、なんとも微笑ましい言葉が聞こえてきたりするものだ。

4 イギリスに標準語はない?!

イギリスは出身地や階級によって話し方、服装から趣味、余暇の過ごし方まで大きく異なる。しかし、皆それぞれに誇りをもっているため、首都のロンドンにおいても皆が同じように話しているわけではない。つまり、東京に集まる日本人のほとんどが標準語を話すように言葉を変えるわけではないのだ。ロンドンの下町言葉であるコックニーは有名だが、ロンドン南部や近郊のエセックス、ケントも独特のアクセントがある。スコットランドやウェールズ出身者はひと言でその地方の出身とわかる特長があり、彼らはそのお国訛りを隠すことはない。サッカーで有名なマンチェスターやリヴァプールなどイギリス北部の方が言葉の訛りが目立つ傾向にある。さすがにテレビのBBC放送や民放の全国ニュースでは皆わかりやすい英語を話しているが、天気予報や特派員、スポーツなどのレポーターなどは皆個性的な話しぶりで自然体だ。旅行中、それぞれの言葉やアクセントの違いがわかるようになればかなりのイギリス通?!

5 イギリス人のマイホーム感覚と最新不動産事情

初めて土地や建物を買う人はファースト・タイム・バイヤー（first time buyer。略してFTB）と呼ばれ、FTB用の物件をスターター・ホーム（starter home）という。そして最初の土地または建物を購入することはプロパティ・ラダー（property Ladder。梯子の意味）に乗る、と表現される。つまりは、前の物件を売却して得た利益で次の家を購入するのが一般的で、"マイホーム＝一生の棲家"という意識が根付いているわけではない。まずは1人暮らしのフラット（アパートやマンション）→カップル用→家族用→最後には老後の夫婦用といった具合に、ライフスタイルの変化に合わせて住む家も買い替えていくスタイルが多いようだ。ちなみに、住宅ローンのことはモーゲージ（mortgage）といい、25～35年ローンを組むのが一般的。

また、羨ましいことにイギリスには滅多に地震がない。そのため、築年数百年もの古い家や建物が現存しており、こうした物件の方が戦後の高層マンションや新築物件よりはるかに人気があったりする。もちろん、不動産としての価値も高い。しかし、1990年代半ばからイギリス全土で不動産の価格が高騰し続けたため、ロンドン市内などはプロパティ・ラダーに乗る前のFTBにとっては、ワンルームどころかローンも組めないという声が多数あった。そのため、政府は低価格住宅の建設に乗り出したわけだが、その後の世界的な不況で住宅価格が一気に下落、これまた現在の深刻な問題となっている。

一方で、2000年以前に何らかの不動産を購入し、不況になる前に売却をした人々も多い。3～10倍以上の値上がりで一気に莫大な利益を得た人もおり、なかにはその資金を元に古い物件を改築、売却を繰り返すプロパティー・デベロッパー（property developer）として生計を立てる人々も増えた。

しかし、それでも住んでいる間は自分であちこち手直しをしたり、庭にお金をかけたりするのがイギリス式。単に不動産価値を上げるというだけではなく、やはり自分の好みにあわせた城作りが大好きな国民であることは間違いない。家の売買だけでなく、ガーデニング、改装・改築などのリフォーム番組も大人気で、週末のガーデンセンターやDIY（do it yourself）ショップはいつも賑わっている。

6 PUBは禁煙！

2007年7月からイングランドのパブも全面禁煙突入！（スコットランド、ウェールズ、北アイルランドはすでに実施済み）。以前は気軽に喫煙できたパブ。ところが、最近はパブ前にテーブルが現れたから笑ってしまう。イギリスの舗道はもともと狭く、また天候の悪い国なので、これまではイタリアやフランスのように外にテーブルはなかった。しかし、喫煙者を思いやってか無理やりテーブルが出たわけ。一部のパブだけだが、いったいいつまで続くやら?!。

英語で手紙を書こう!

旅で出会った人や、お世話になった人に、帰国後、手紙を出してみよう。
下記の書き方を参考にして、素直にお礼の気持ちを伝えてみれば友情が深まるはず!

---

10 December 2011

Dear Kate and Dave,

What can I say? Well, a lot actually. I have had such a wonderful holiday in the UK and it's all thanks to your hospitality and the fact that your country has so much to offer. I can't believe how much we fitted into such a short space of time. It's hard to say what the highlight was - almost everything was a highlight! But London comes out on top. The shows we saw in the West End were magical, the shopping was the best I've had anywhere, and I never dreamed of capturing so much history in one place.

I hope some day that you can come to Japan and I can share some of its beauty with you.

Thanks again for your warm welcome.

Akemi

[日付]
イギリスの日付の書き方はアメリカと異なり、日・月・年の順で書く。数字なら10/12/11または10 - 12 - 11

[宛名]
友達や知り合いへの手紙ではファーストネームにする。お世話になった家族宛ての手紙では、家族全員の名前を書くようにする。

[結びの言葉]
より親しみのこもった言い方にしたいなら、Cheers!(さよなら)、Keep in touch!(では、また)など気軽な表現に変えてもOK

[署名]
署名は肉筆で必ず行う

ケイトさん、デイヴさんへ

　何からお話ししていいのでしょう、実際たくさんあり過ぎます。いろいろと親切にしてもらったお陰で、とても素敵なイギリス旅行ができ、とても感謝しています。それにしてもイギリスには本当に多くの魅力的なみどころがありますね。短い滞在中にあれだけ楽しめたこと、何だか信じられないような気がします。何が一番楽しかったかを決めるのはとても難しいのですが(どれを取っても楽しい思い出ばかりで!)、やっぱりロンドンの滞在が一番の思い出です。ウエストエンドでの夢みるようなショー、今まで一番充実したショッピングを楽しんだこと、さまざまな歴史の重みなどをひとつの街でこんなにも感じられるとは思ってもみなかったです。
　いつかお二人も日本に来られて、この国をご案内できればと思います。
お世話になり、本当にありがとうございました。

[宛先の書き方]

左上に自分の名前と住所を書く。
表面に赤い文字で航空便AIR MAILであることを明記する。
中央を目安に相手の名前と住所を書く。
国名はゴシック体の大文字などで明確に。

Aya Kimura
25-5 Haraikatamachi, Shinjuku-ku
Tokyo, Japan 162-8446

STAMP

Mr. and Mrs. Dave Nicholson
14-20 Regent St.,
London　SW1Y
U.K.

AIR MAIL

知っておこう

50音順イギリス英語単語帳

日本語 ➡ イギリス英語

※「食べよう」のシーンでよく使う単語には🍴印がついています
※「買おう」のシーンでよく使う単語には🛍印がついています
※「伝えよう」のシーンでよく使う単語には💬印がついています

あ

会う	meet ミート
明るい 💬	light ライト
空きの（空席の）	vacant/empty ヴェイカント／エンプティ
開ける	open オウプン
あさって	day after tomorrow デイ アフター トゥマロウ
預ける（荷物を）	check/leave チェック／リーヴ
アスピリン	aspirin アスペレン
暖かい	warm ウォーム
後で	later レイター
危ない	dangerous デインジャラス
アレルギー 💬	allergy アラジィ
安全な	safe セイフ
案内図	guide map ガイド マップ

い

胃	stomach ストマック
いい感じ（素敵）💬	lovely ラヴリー
意識をなくす	faint フェイント
遺失物相談所	lost property office ロスト プロパティ オフィス
移住する	immigrate イミグレイト
急ぐ 💬	hurry ハリィ
痛み	pain ペイン
胃腸薬	stomach medicine ストマック メディスン
嫌がらせ	abuse/harassment/bullying アヴューズ／ハラスメント／ブリーイング
入口	entrance エントゥランス

う

上に	up アップ
うがい薬	gargle ガーゴゥ
受付	information desk/reception インフォメイシュン デスク／ゥリセプシュン
受け取る	receive ゥリスィーヴ
後ろ	behind ビハインド
美しい 💬	beautiful ビューティフゥ
腕時計 🛍	watch ウォッチ
売る	sell セゥ
うれしい 💬	glad グラッド
上着 🛍	jacket ジャケット
運賃	fare フェア
運転する	drive ドゥライヴ

え

営業時間	business hours ビズネス アゥアーズ
駅	station ステイシュン
エスカレーター	escalator エスカレイター
エステ	beauty salon ビューティ サロン
エチケット袋 💬	motion sickness bag モウシュン スィックネス バッグ
エレベーター	lift リフト

お

おいしい 🍴	good/delicious グッド／デリーシャス
応急処置	first aid フゥースト エイド
横断歩道	crossing クロッスィング
終える	finish フィニッシュ
丘	hill ヒゥ
屋上	roof/rooftop ゥルーフ／ゥルーフトップ
送る	send センド
遅れる 💬	be late/be delayed ビ レイト／ビ ディレイド
教える	show/tell ショウ／テゥ
押す	push/press プッシュ／プレス
遅い（時間）	late レイト
遅い（スピード）	slow スロウ
落ち着いた（雰囲気が）	relaxed ゥリラックスト
お釣り 🛍	change チェインジ
落とす	drop ドゥロップ
お腹	stomach ストマック
お腹がすいた 🍴	hungry/starving ハングリィ／スターヴィング=非常に空腹な

覚えている	remember ゥリメンバー	カミソリ	razor ゥレイザー	気分が悪い	feel sick フィーゥ スィック
思い出す	remember ゥリメンバー	辛い	spicy/hot スパイスィ/ホット	キャンセルする	cancel キャンセゥ
お湯	hot water ホット ウォーター	借りる	borrow バロウ	キャンセル料	cancellation charge キャンセレイシュン チャージ
折り返し電話する	call back コーゥ バック	ガレージ	garage ガラージ	救急車	ambulance アンビャランス
降りる	get off ゲット オフ	河・川	river ゥリヴァー	休憩室	lounge ラウンジ
下ろす (お金を)	withdraw ウィズドゥロー	かわいい	cute キュート	距離	distance ディスタンス
終わる	end/finish エンド/フィニッシュ	缶	tin ティン	嫌いだ	dislike/hate ディスライク/ヘイト
か		簡易ベッド	cot コット	霧	fog フォグ
改札	gate ゲイト	眼科	ophthalmology アフサルモロジー	禁煙エリア	non-smoking area ノンスモウキング エアリア
会社	company カンパニィ	観光	sightseeing サイトスィーイング	緊急の	emergent イマージェント
外出する	go out ゴウ アウト	観光案内所	visitor centre ヴィジター センター	金庫	safe セイフ
階段	stairs ステーズ	患者	patient ペイシェント	銀行	bank バンク
返す	return ゥリトゥーン	勘定	bill ビゥ	近所	neighbourhood ネイバーフッド
帰る	go back ゴウ バック	乾燥した(部屋が)	dry ドライ	緊張した	nervous ナーヴァス
鏡	mirror ミラー	看板	sign サイン	筋肉痛	muscle pain マスゥ ペイン
カギ	key キー	**き**		**く**	
書く	write ゥライト	気温	temperature テンパラチャー	空港	airport エアポート
各駅停車(電車)	local train ロウカゥ トゥレイン	傷(軽い傷)	wound ゥーンド	空席の	available/vacant seat アヴェイラボゥ/ヴェイカント スィート
確認する	confirm コンファーム	きつい(衣服が)	tight タイト		
傘	umbrella アンブレラ	喫煙所	smoking area スモウキング エアリア	くし	comb コウム
火事	fire ファイア				
貸す	lend レンド				
風邪	cold コウゥド				
数える	count カウント				
ガソリン	petrol ペトロル				
肩	shoulder ショウゥダー				
硬い	hard/tough ハード/タフ				

★ 出入国編 ★

日本語	English	カナ
入国審査	passport control	パスポート コントローゥ
検疫	quarantine	クウォランティーン
居住者/非居住者	resident/non-resident	ゥレズィデント/ノン ゥレズィデント
パスポート	passport	パスポート
ビザ	visa	ヴィーザ
サイン	signature	スィグナチャー
入国目的	purpose of visit	パーパス オヴ ヴィズィット
観光	sightseeing	サイトスィーイング
商用	business	ビズィネス
滞在予定期間	intended length of stay	インテンディド レングス オヴ ステイ
乗継ぎ	transit	トランズィット
荷物引取り	baggage reclaim	バギッジ リクレイム
税関審査	customs	カスタムズ
免税/課税	taxfree	タックスフリー

薬	medicine メディスン
口紅	lipstick リップスティック
くつろぐ	feel at home/relax フィーゥ アット ホウム/ゥリラックス
曇りの	cloudy クラウディ
暗い	dark ダーク
クリーニング	laundry ローンドゥリー
繰り返す	repeat ゥリピート
クレーム	complaint コンプレイント

け・こ

警察官	police officer ポリース オフィサー
携帯電話	mobile phone モウバイゥ フォウン
外科	surgery サージェリィ
ケガをする	get hurt ゲット ハート
化粧品	cosmetics コズメティックス
血圧	blood pressure ブラッド プレッシャー
血液型	blood type ブラッド タイプ
下痢	diarrhea ダイアリア
ケンカ	fight/quarrel ファイト/クゥレゥ
玄関	front door フロント ドー
元気な	fine/well ファイン/ウェゥ
現金	cash キャッシュ
検査	check/inspection チェック/インスペクシュン
現像する	develop ディヴェラップ
現地スタッフ	local staff ロウクゥ スタッフ
(コイン)ロッカー	(coin-operated) locker (コインオペレイティド) ロッカー
硬貨	coins コインズ
交換する	exchange エクスチェインジ

航空便	airmail エアメイゥ
交差点	crossroads クゥロスゥローズ
工事中	under construction アンダー コンストラクシュン
公衆電話	pay phone ペイ フォウン
公衆トイレ	public toilet パブリック トイレット
高速道路	motorway モーターウェイ
交通機関	transport トランスポート
交通事故	traffic accident トラフィック アクスィデント
強盗	robber ゥラバー
声	voice ヴォイス
国際運転免許証	international driver's license インターナショヌゥ ドゥライヴァーズ ライセンス
国際通話	international call インターナショヌゥ コーゥ
故障する	break down ブレイク ダウン
小銭	change チェインジ
骨折	broken bone ブロウクン ボウン
子供料金	children's fare チルドレンズ フェア
断る	decline/refuse ディクライン/ゥリフューズ
困っている	be in trouble ビ イン トラブゥ
ゴミ	rubbish ゥラビッシュ
ゴミ箱	rubbish bin ゥラビッシュ ビン
コレクトコール	collect call コレクト コーゥ
壊れ物	fragile フラジャイゥ
壊れる	break ブレイク
混雑した	crowded クラウディド
コンセント	power socket パワー ソキット

さ

サービス料	service charge サーヴィス チャージ
最終電車	the last train ダ ラスト トゥレイン
採寸する	measure ミジャー
再発行する	reissue ゥリイシュー
財布	wallet/purse ゥレット=男性用、パース=女性用
サイン(署名)	signature スィグナチャー
サイン(署名)する	sign サイン
詐欺	rip off ゥリップ オフ
先払いする	pay in advance ペイ イン アドヴァンス
酒	alcohol アゥカホゥ
撮影する	take a picture テイク ア ピクチャー
殺虫剤	insect spray インセクト スプレイ
サプリメント	supplement サプゥメント
寒い	cold コウゥド
サランラップ	cling film クリング フィルム

し

市外通話	long-distance call ロングディスタンス コーゥ
市外局番	area code エアリア コウド
止血する	stop the bleeding ストップ ダ ブリーディング
時刻表	timetable タイムテイボゥ
事故証明書	accident report アクスィデント ゥリポート
時差	time difference タイム ディファランス
時差ボケ	jet lag ジェット ラグ
試食する	taste/try a food sample テイスト/トゥライ ア フード サンプゥ
静かな	quiet クワイエット
下着	underwear アンダーウェア
下に	down ダウン

日本語	English	カナ
自治区	borough	バラー
試着する	try on	トゥライ オン
湿度	humidity	ヒューミディティ
湿布	compress	コンプレス
指定席	reserved seat	ゥリザーァヴド スィート
自動販売機	vending machine	ヴェンディング マシーン
市内通話	local call	ロウクゥ コーゥ
始発電車	the first train	ダ フゥースト トゥレイン
支払う	pay	ペイ
耳鼻咽喉科	otolaryngology	オゥトラレンガラジィ
持病	chronic disease	クロニック ディズィーズ
紙幣	note	ノウト
脂肪	fat/grease	ファット／グリース
島	island	アイランド
事務所	office	オフィス
ジメジメした	humid	ヒューミッド
閉める・閉じる	close	クロウズ
蛇口	faucet/tap	フォーセット／タップ
州	county	カウンティ
住所	address	アドレス
自由席	non-reserved seat	ノン ゥリザーァヴド スィート
充電	charge	チャージ
週末	weekend	ウィーケンド
重要な	important	インポータント
修理する	fix/repair	フィックス／ゥリペア
宿泊する	stay	ステイ
手術	operation	オペレイシュン
出血する	bleed	ブリード
出張	business trip	ビズィネス トゥリップ
首都	capital	キャピタゥ
準備ができた	ready	ゥレディ
紹介する	introduce	イントロデュース
消化不良	indigestion	インデジェスシュン
錠剤	pill/tablet	ピゥ／タブレット
上司	boss	ボス
招待する	invite	インヴァイト
使用中	occupied	オキュパイド
消毒液	disinfectant	ディスインフェクタント
小児科	pediatrics	ピーディアトリクス
消防自動車	fire engine	ファイア エンジェン
消防署	fire station	ファイア ステイシュン
賞味期限	use by date	ユーズ バイ デイト
証明書	certificate	サーティフィケット
正面に	in front of	イン フロント オヴ
食あたり	food poisoning	フード ポイズニング
食事	meal	ミーゥ
食欲	appetite	アパタイト
処方箋	prescription	プリスクリプシュン
信号	traffic light/signal	トゥラフィック ライト／スィグナル
申告する	declare	ディクレア
新婚旅行	honeymoon	ハニィムーン
診察	examination	イグザミネイシュン
寝室	bedroom	ベッドルーム
親戚	relatives	ゥリラティヴズ
診断書	medical certificate	メディカゥ サーティフィケット
じんましん	hives	ハイヴズ
深夜に	late at night	レイト アット ナイト

す

日本語	English	カナ
睡眠薬	sleeping pills	スリーピング ピゥズ
過ぎる（時間が/場所を）	pass	パス
すぐに	soon	スーン
涼しい	cool	クーゥ
すばらしい	wonderful/great	ワンダフゥ／グレイト
ズボン	trousers	トゥラゥザーズ
スニーカー	trainer	トゥレイナー
住む	live	リヴ
スリ	pickpocket	ピックポケット

★ 電話・通信編 ★

日本語	English	カナ
公衆電話	pay phone	ペイ フォウン
市内通話	local call	ロウクゥ コーゥ
長距離通話	long-distance call	ロングディスタンス コーゥ
国際電話	international call	インターナショノゥ コーゥ
交換手経由の通話	operator-assisted call	オペレイターアスィスティド コーゥ
番号通話	direct-dial call	ディレクトダイアゥ コーゥ
コレクトコール	collect call	コレクト コーゥ
テレフォンカード	calling card	コーリング カード
ファクシミリ	facsimile	ファクスィメリ
航空便	airmail	エアメイゥ
船便	sea mail	スィー メイゥ
ポスト	post box	ポゥスト ボックス
切手	stamp	スタンプ
インターネット	internet	インターネット

座る	sit/have a seat スィット/ハヴ ア スィート	体温	body temperature バディ テンパラチャー	中国の	Chinese チャイニーズ
せ・そ		体温計	thermometer サーモミター	中古の	secondhand セカンドハンド
税	tax タックス	退屈して	bored ボアード	注射	injection インジェクシュン
請求する	charge チャージ	滞在	stay ステイ	駐車禁止	no parking ノウ パーキング
税込みの	including tax インクルーディング タックス	大使館	embassy エンバスィ	駐車場	car park カー パーク
精算する	pay/balance ペイ/バランス	大丈夫	okay オウケイ	直進する	go straight ゴウ ストレイト
成人	adult アダゥト	高い (高さが)	high/tall ハイ/トーゥ	直行の	non-stop/direct ノンストップ/ダイレクト
生理	period ペリオド	高い (値段が)	expensive エクスペンスィヴ	鎮痛剤	painkiller ペインキラー
生理痛	cramps クランプス	タクシー乗り場	taxi rank タクスィ ゥランク	**つ**	
生理用品	sanitary product サニタリィ プロダクト	助ける	help ヘゥプ	追加料金	additional charge アディショノゥ チャージ
背が高い	tall トーゥ	尋ねる	ask アスク	通路	aisle アイゥ
背が低い	short ショート	立ち上がる	stand up スタンド アップ	疲れて	tired タイアード
咳	cough コフ	楽しむ	enjoy/have fun エンジョイ/ハヴ ファン	次の	next/following ネクスト/フォロウィング
席(乗り物)	seat スィート	タバコ	cigarettes シガレッツ	続ける	continue コンティニュー
席(レストラン)	table テイボゥ	タバコを吸う	smoke スモウク	包む	wrap ゥラップ
窃盗	theft セフト	打撲	bruise ブルーズ	つなぐ	connect コネクト
セレブ	celebrity セレブリティ	だます	cheat チート	爪	fingernail フィンガーネイゥ
洗浄液(コンタクト)	lens solution レンズ ソルーシュン	団体旅行	group tour グループ トゥアー	冷たい	cold コウゥド
ぜんそく	asthma アズマ	暖房	heater ヒーター	**て**	
洗濯物	laundry ローンドゥリィ	**ち**		手当てする	give medical treatment ギヴ メディカゥ トリートメント
洗面用具	toiletries トイレトゥリィズ	血	blood ブラッド	テイクアウト	takeaway テイクアウェイ
騒音	noise ノイズ	近い	close クロース	定刻どおりに	on time オン タイム
掃除機	vacuum cleaner ヴァキューム クリーナァ	地下鉄	underground/tube アンダーグランド/チューブ	ティッシュ	tissue ティシュゥ
掃除する	clean クリーン	近道する	shortcut ショートカット	出口	way out/exit ウェイ アゥト/エグジット
早朝	early morning アーリィ モーニング	チケット売り場	box office ボックス オフィス	手数料	handling charge ハンドリング チャージ
外	outside アウトサイド	地図	map マップ	手荷物	luggage/baggage ラギッジ/バギッジ
た		チップ	tip ティップ	手荷物預かり所	left luggage レフト ラゲッジ

デパート	department store / ディパートメント ストア	ドラッグストア	chemist / ケミスト	捻挫	sprain / スプレイン
テロ	terrorism / テロリズム	トランク(車)	boot / ブート	喉	throat / スロウト
天気	weather / ウェザー	取り扱い注意	handle with care / ハンドゥ ウィズ ケア	喉が渇いた	thirsty / サースティ
電気(灯り・照明)	light / ライト	泥棒	thief / スィーフ	飲み物	drink / ドゥリンク
天気予報	weather forecast / ウェザー フォーキャスト	**な・に**		乗り換える	change / チェインジ
電源	power source / パワー ソース	内科	internal medicine / インターノゥ メディスン	乗り捨てる(レンタカー)	drop off / ドゥロップ オフ
伝言	message / メスィジ	内線	extension / エクステンシュン	乗り損なう	miss / ミス
店内で食べるための	eat here / イート ヒア	直す	fix/repair / フィックス/ゥリペア	乗り継ぎ	connection / コネクシュン
電話	telephone / テレフォウン	治る	get well / ゲット ウェゥ	乗り物酔い	motion sickness / モウシュン スィックネス
電話帳	telephone book/directory / テレフォウン ブック/ディレクトゥリィ	長い	long / ロング	乗る	get on/ride / ゲット オン/ゥライド
と		眺めのいい	scenic / スィーニック	のんびりする	relax / ゥリラックス
トイレ	toilet/loo / トイレット/ルー	軟膏	ointment / オイントメント	**は**	
トイレットペーパー	toilet roll / トイレット ロール	においがする	smell / スメゥ	歯	teeth / ティース
到着する	arrive / アライヴ	荷物	luggage/baggage / ラギッジ/バギッジ	肺炎	pneumonia / ニューモウニャ
盗難	theft / セフト	入場料	admission / アドミッシュン	歯医者	dentist / デンティスト
同伴者	companion / コンパニァン	尿	urine / ユアラン	歯痛	toothache / トゥースエイク
同僚	colleague / コリーグ	庭	garden/yard / ガーデン/ヤード	入る	enter / エンター
道路	road / ロウド	**ね・の**		吐き気がする	feel nauseous / フィーゥ ノーシャス
登録する	register / ゥレジスター	値段・価格	price / プライス	吐く	vomit / ヴォメット
遠回り	long way / ロング ウェイ	熱がある	have a fever / ハヴ ア フィーヴァー	運ぶ	carry / キャリィ
通り	street / ストリート	ネット接続	internet connection / インターネット コネクシュン	始まる	begin/start / ビギン/スタート
時計	clock/watch / クロック/ウォッチ	眠る	sleep / スリープ	場所	place / プレイス
途中で	on the way / オン ダ ウェイ				
特急列車	express train / エクスプレス トゥレイン				
届ける	deliver / ディリヴァー				
徒歩で	on foot / オン フット				
ドライヤー	hair dryer / ヘアー ドライアー				

★ 両替編 ★

英ポンドに交換して下さい	Please exchange this to British Pounds/Sterling. / プリーズ エクスチェインジ ディストゥ ブリティッシュ パウンズ/スターリング
小銭をまぜてください	Please include small change. / プリーズ インクルード スモーゥ チェインジ
銀行	bank / バンク
両替所	bureau de change / ビューゥロウ ド チェインジ
為替レート	exchange rate / エクスチェインジ ゥレイト
為替レートはいくらでしょうか?	What's the exchange rate? / ワッツ ディ エクスチェインジ ゥレイト
外貨交換証明書	exchange receipt / エクスチェインジ ゥリスィート

日本語	English / カナ
バスで	by bus / バイ バス
バス停	bus stop / バス ストップ
パソコン	personal computer / パーソヌゥ コンピューター
働く	work / ワーク
発行する	issue / イシュー
派手な(衣服が)	flashy / フラッシィ
パトカー	police car / ポリース カー
はねる(人を)	hit / ヒット
歯ブラシ	toothbrush / トゥースブラッシュ
歯磨き粉	toothpaste / トゥースペイスト
早い(時間)	early / アーリィ
速い(スピード)	fast / ファスト
払戻し	refund/reimbursement / ゥリファンド/ゥリインバースメント
晴れの	sunny/clear / サニィ/クリア
番号	number / ナンバー
絆創膏	plaster / プラスタ
反対側の	opposite / オポズィット
半日の	half-day / ハーフデイ
パンフレット	brochure/leaflet / ブロウシュアー/リーフレット

ひ

日本語	English / カナ
ビーチサンダル	flip-flop / フリップ フロップ
被害	damage / ダミジ
日帰りの	one-day / ワンデイ
引く	pull / プゥ
低い	low / ロゥ
ヒゲ	moustache/beard / マスタッシュ/ビアード
ヒゲを剃る	shave / シェイヴ

日本語	English / カナ
飛行機で	by plane/by air / バイ プレイン/バイ エアー
非常口	emergency exit / イマージェンスィ エグズィット
左	left / レフト
ピッタリの(サイズが)	fit / フィット
必要な	necessary / ネセサリィ
ビデオカメラ	video camera / ヴィディオウ キャメラ
110番/119番	999 / ナイン ナイン ナイン
日焼け止め	sunscreen / サンスクリーン
病院	hospital / ホスピトゥ
病気	sickness/illness / スィックネス/イゥネス
標識	sign / サイン
拾う	pick up / ピック アップ
貧血	anaemia / アニーミア

ふ

日本語	English / カナ
ファックス	fax / ファックス
不安な	worried / ウォーリード
夫婦	married couple / マリィド カポゥ
部下	subordinate / サブオーディネイト
付加価値	VAT / ヴィー エィ ティー
腹痛	stomachache / ストマックエイク
二日酔い	hangover / ハングオゥヴァー
フライドポテト	chips / チップス
ブラシ	brush / ブラッシュ
ブランド品	brand goods/designer goods / ブランド グッズ/ディザイナー グッズ
古い	old / オウゥド
フロント	reception/front desk / ゥリセプシュン/フロント デスク
分割払い	installment payments / インストーゥメント ペイメンツ

日本語	English / カナ
紛失した	missing / ミスィング

へ

日本語	English / カナ
平日	weekday / ウィークデイ
ベランダ	balcony / バゥコニィ
変圧器	electricity transformer / エレクトゥリスィティ トゥランスフォーマー
返金する	refund / ゥリファンド
変更する	change / チェインジ
便秘	constipation / コンスティペイシュン
返品する	return / ゥリトゥーン

ほ

日本語	English / カナ
方向	direction / ディレクシュン
暴行	violence/assault / ヴァイオレンス/アソゥト
帽子	cap/hat / キャップ/ハット
包帯	bandage / バンデイジ
ポーター	porter / ポーター
ホーム(駅)	platform / プラットフォーム
保険	insurance / インショーランス
保険料	insurance premium / インショーランス プレミアム
ポテトチップス	crisps / クリスプス

ま

日本語	English / カナ
迷子になる	be lost / ビ ロスト
前売り券	advance ticket / アドヴァンス ティケット
前に(位置)	in front of / イン フロント オヴ
前もって	beforehand/in advance / ビフォーハンド/イン アドヴァンス
曲がる	turn / トゥーン
まずい(味)	taste terrible / テイスト テリボゥ
待合室	waiting room / ウェイティング ゥルーム

間違う	make a mistake / メイク ア ミステイク	目印	mark / マーク	浴室	bathroom/shower / バスルーム／シャワー
マッサージ	massage / マサージ	珍しい	rare/unusual / ゥレア／アンニュージュアゥ	横になる	lie down / ライ ダウン
窓	window / ウィンドウ	めまい	dizziness / ディズィネス	汚れた	dirty / ダーティ
間に合う	be in time / ビ イン タイム	免税店	tax-free shop / タックスフリー ショップ	酔った	drunk / ドゥランク
眉	eyebrows / アイブラウズ			呼ぶ	call / コーゥ
満室（掲示）	no vacancy/full / ノウ ヴェイカンスィ／フゥ	**も**		予約する	make a reservation / メイク ア ゥレザーヴェイシュン
慢性の	chronic / クロニック	申込用紙	application form / アプリケイシュン フォーム	弱い	weak / ウィーク
満席の	full / フゥ	申込み／予約	booking / ブッキング		
満足した	satisfied / サティスファイド	毛布	blanket / ブランケット	**ら・り**	
み		モーニングコール	wake-up call / ウェイカップ コーゥ	流行の	popular / ポピュラー
右	right / ゥライト	目的	purpose / パーパス	両替	exchange / エクスチェインジ
短い	short / ショート	目的地	destination / デスティネイシュン	料金	fee/charge / フィー／チャージ
湖	lake / レイク	持ち帰りの	takeaway / テイクアウェイ	領収書	receipt/tax invoice / ゥリスィート／タックス インヴォイス
未成年	under age/minor / アンダー エイジ／マイナー	持っていく	take / テイク		
見せる	show / ショウ	戻ってくる	come back / カム バック	**る・れ・ろ**	
道に迷う	be lost / ビ ロスト	**や・ゆ**		留守番電話	answering machine / アンサリング マシーン
ミネラルウォーター	mineral water / ミネラゥ ウォーター	焼き増しする	reprint / ゥリプリント	冷房	air-conditioning / エアコンディショニング
脈拍	pulse / パゥス	やけど	burn / バーン	レジ	till / ティゥ
みやげ	souvenir / スーヴェニア	安い（値段が）	cheap / チープ	レンタカー	car hire / カー ハイア
名字	surname / サー ネーム	薬局	chemist / ケミスト	連絡先	contact information / コンタクト インフォメイシュン
む・め		軟らかい	soft / ソフト	路線図	route map / ゥルート マップ
虫除け	insect repellent / インセクト ゥリペラント	憂鬱な	depressed/gloomy / ディプレスト／グルーミィ	ロビー	lobby / ロビィ
無料の	free / フリー	有効な	effective/valid / エフェクティヴ／ヴァリッド	路面電車	tram / トゥラム
名所	place of interest / プレイス オヴ インタレスト	郵便番号	post code / ポゥスト コウド	**わ**	
眼鏡	optical glasses / オプティカル グラッスィーズ	有名な	famous / フェイマス	わかる	understand / アンダースタンド
目薬	eye drops / アイ ドゥロップス	緩い（衣服が）	loose / ルース	和食の	Japanese / ジャパニーズ
目覚まし時計	alarm clock / アラーム クロック	**よ**		忘れる	forget / フォーゲット
		幼児	infant/little child / インファント／リトゥ チャイゥド	渡る（道を）	go across / ゴゥ アクロス
				割引	discount / ディスカウント

絵を見て話せる
タビトモ会話

イギリス イギリス英語＋日本語

絵を見て話せる
タビトモ会話

＜アジア＞
① 韓国
② 中国
③ 香港
④ 台湾
⑤ タイ
⑥ バリ島
⑦ ベトナム
⑧ フィリピン
⑨ カンボジア
⑩ マレーシア
⑪ インドネシア
⑫ ネパール
⑬ ソウル
⑭ バンコク
⑮ 上海
⑯ インド

＜ヨーロッパ＞
① イタリア
② ドイツ
③ フランス
④ スペイン
⑤ ロシア
⑥ フィンランド
⑦ スウェーデン
⑧ ポルトガル
⑨ イギリス

＜アメリカ＞
① アメリカ
② カナダ

＜太平洋＞
① ハワイ
② オーストラリア

＜中近東＞
① トルコ
② エジプト

＜中南米＞
① ペルー

＜ビジネス＞
ビジネス中国語

＜JAPAN＞
① JAPAN 英語＋日本語
② JAPAN 中国語＋日本語＋英語
⑩ LIFE IN JAPAN

続刊予定
オランダ
チェコ
ブラジル
メキシコ

タビ会話
758460

初版印刷	2012年1月15日
初版発行	2012年2月1日 (Feb.1, 2012, 1st edition)
編集人	百目鬼智子
発行人	横山裕司
発行所	JTBパブリッシング
印刷所	凸版印刷

- ●企画／編集 …… 出版事業本部 海外情報部
- ●編集／執筆協力 …… 岡田彩江
  松尾奈央美
  森下 敬／佐藤久美子
  英国政府観光庁（BTA）
- ●表紙デザイン …… 高多 愛（Concent, Inc.）
- ●本文デザイン …… Concent, Inc.／アイル企画
- ●翻訳 …… 岡田彩恵
- ●翻訳協力 …… Natalie F. Close
  (財)英語教育協議会（ELEC）
- ●組版 …… 凸版印刷
- ●地図 …… ジェイ・マップ
- ●イラスト …… 木内麗子／霧生さなえ
- ●マンガ …… 玖保キリコ

●JTBパブリッシング
〒162-8446
東京都新宿区払方町25-5
編集：☎03-6888-7878
販売：☎03-6888-7893
広告：☎03-6888-7831
http://www.jtbpublishing.com/

●旅とおでかけ旬情報
http://rurubu.com/

JTBパブリッシング

禁無断転載・複製
©JTB Publishing 2012 Printed in Japan
114467 758460 ISBN978-4-533-08473-7